KB188683

B주류경제학

시대의 흐름 속에서 돈을 매개 삼아 마음을 읽어내는 일
- 김경일 인지심리학자

돈이 어떻게 풀리고 사용되는가를 보면 그 시대를 살아가는 사람들의 마음이 보인다. 그런데 시대가 변화하면서 그 대상과 양상이 너무나도 다양하게 진화하고 있다. 하지만 돈에 관한 학문적 이론들이 이를 따라잡기에는 너무 고집스럽고 느리다. 마치 법이 시대의 흐름과 사람들의 마음을 제대로 반영하지 못해 늘 실망스러운 것처럼 말이다. 그래서 실제 현장에서 이 흐름을 잘 지켜보면서 어떤 의외의 현상들과 연관성들이 있는가를 알아내는 것은 매우 중요하다. 그것을 해내는 데 상대적으로 더 적합한 사람들은 기존 관점으로부터 자유로운 젊은이들이다. 그리고 기존을 따르지 않는 것을 B주류라고 한다. 이 둘이 제대로 만나 우리가 살아가고 있는 시대, 시장, 돈 그리고 우리의 진짜 삶에 관한 엄청난 통찰을 주고 있다. 읽는 내내 연신 무릎을 쳤다.

'금융을 쉽게'라는 토스의 미션을 책으로 만들면?
- 조아란 출판 마케터

'금융을 쉽게'라는 토스 팀의 미션대로 토스는 금융 비주류인 내게 어렵게만 생각되던 금융 활동을 일상으로 만들어준 플랫폼이다. 물론 지금도 여전히 돈이 굴러가는 원리를 잘 알지는 못하지만 돈을 쓸 줄만 알던 내가 토스를 통해 처음으로 주식도 시작하고 적금도 예금도 챌린지하듯 재미있게 굴릴 수 있게 됐다. 별일 없이 유튜브에 습관적으로 접속하는 것처럼 습관적으로 토스에 들어가 이런저런 숫자들을 살펴보는 재미를 알게 된 것은 사소하지만 큰 변화다.

그렇기에 〈B주류경제학〉 출판 편에 게스트로 초대되었을 때 처음 들었던 생각은 '내가 무슨 말을 할 수 있을까?'가 아니라 '내가 궁금했던 걸 물어보자'였다. 출판 업계에서 15년 넘게 일해오고 있지만 알고 있고 당연하다고만 생각했던 많은 것들, 그리고 '그냥 유행하는' 것들의 이면에는 어떤 숫자의 흐름이 있을지가 늘 궁금했지만 물어볼 사람도, 어떤 질문을 해야 하는지도 몰랐으니까. 그런 의미에서 머니그라피 팀 그리고 이재용 회계사와 함께한 두 시간의 촬영, 그리고 완성된 20분짜리 영상이 47만 회의 조회수를 올리며 사람들에게 전달되는 모든 과정에 참여한 것 자체로 업계인이자 소비자인 내게 더없이 유익하고 즐거운 시간이었다.

당연하게도 책으로 만나는 『B주류경제학』은 영상으로 다 담지 못한 이야기를 곁들여 또다시 한번 새롭고 유익하다. 재무제표만 보고 회사의 평균 근속연수를 읽어내던 회계사 님의 재무제표 독해법뿐 아니라, '지금, 우리'의 취향과 눈높이에 맞춰 소비와 산업의 맥락을 읽어주는 여정을 따라가다 보면 공부하는 고통 없이도 더 주체적이고 똑똑한 소비자가 되는 경험을 하게 된다. '그거 요즘 유행이래' '그게 요즘 애들 취향이래' 너머 '그게 왜?'가 궁금한 모든 사람에게 이 책을 '찐'으로 추천한다!

사랑하는 것들의 속사정을 찬찬히 들여다볼 시간
- 하경화 디에디트 에디터

저는 어릴 때부터 사고 싶은 게 정말 많았습니다. 10대에는 만화책을 모으느라 용돈을 탕진했고, 20대에는 돈 없이는 취향도 없음을 잔혹하게 배웠습니다. 30대에는 최신 전자기기와 럭셔리 브랜드(흔히 명품이라 부르는)에 열광했습니다. 40대의 문턱을 밟기 직전인 지금은 와인에 빠졌습니다. 취향에 맞는 품종과 와이너리, 작황이 좋았던 빈티지까지 꿰고 다니며 수집 그 자체에 희열을 느낍니다. 취향은 사랑입니다. 시간을 쓰고, 애정을 들이고, 돈을 투자하죠.

그런데 어느 날 유튜브에서 알고리즘의 안배를 받아 〈B주류경제학〉의 와인 편을 보게 됩니다. 저의 치솟는 와인 소비량과 관계없이 전 세계적인 와인 소비량은 줄어들고 있다는 얘기였죠. 전통적인 와인 산지에서는 가격 방어를 위해 어마어마한 와인을 폐기하고 있을 정도니까요. 그런데 더 재밌는 건 소비 금액의 성장 속도는 유지되고 있다는 사실이었습니다. 먹는 양이 줄어들었는데 시장 규모는 계속 우상향 그래프를 보인다? 와인 산업이 양극화되고 있다는 뜻이었습니다. 콧구멍이 벌렁거릴 만큼 너무 재밌었죠. 콘텐츠가 넘쳐나는 과잉 공급의 시대에 갑자기 만난 24분짜리 경제 관련 영상을 끝까지 보게 되다니. 제가 8년 차 유튜버라서 아는데 쉽지 않은 일입니다.

곧장 제 와인 셀러를 들여다봤습니다. 만 원짜리 편의점 와인으로 입문했지만, 지금은 수십만 원의 빈티지 샴페인이 가득했습니다. 영상에서 배운 와인 소비의 양극화 현상이 바로 제 셀러 안에 있었죠. 진심으로 궁금해졌습니다. 나는 왜 지금, 이 시점에, 이것들을 좋아하게 되었는가? 취향은 어디서 오나?

비슷한 궁금증이 드셨다면, 『B주류경제학』을 읽어보시길. 책, 웹툰, 음악, 패션, 명품, 캠핑, 와인, 커피까지. 우리가 소비하는 다양한 문화 이면의 경제 이야기를 들춰볼 기회입니다. 제가 감히 부제를 하나 덧붙이자면 '사랑하는 것들의 속사정'이라 하고 싶네요. 소비와는 또 다른 재미입니다. 흥미롭고 즐겁습니다. 내가 정말 좋아하는 산업군을 숫자로 들여다볼 수 있게 된다는 것은 어른의 유희가 분명합니다.

돈은 좋지만 숫자는 어려운 우리에게 필요한 책
— 김짠부 재테크 유튜버

돈은 좋아하지만 숫자는 어려웠던 저에게 〈B주류경제학〉은 마치 금융계의 뉴진스처럼 나타나 '내가 숫자로 노는 법을 가르쳐 줄게' 하고 손짓하는 채널이었습니다.

덕분에 '헐, 비싸졌다' '요즘 이게 유행이래'라며 결과를 훑어보는 데만 익숙했던 전과 달리 '왜 비싸졌을까?' '언제부터 유행인 거지?'와 같은 궁금증이 생기기 시작했어요. 그리고 예·적금, 통장 쪼개기, 청약과 같은 '돈 모으기' 영역에서만 눈을 반짝이던 제가 기업, 투자, 자본, 주식과 같은 단어들에도 눈을 돌리게 됐고요.

재무제표. 듣기만 해도 복잡하고 갑자기 하품이 나올 것 같은 단어라고 생각했었는데요, 이제 보니 자본주의 사회를 살아가는 우리에겐 자본 설명서이자 사회 비법서일지도 모르겠습니다.

혼자 익히려면 어려웠을 그 설명서와 비법서를 흥미로운 놀이처럼 쉽게 접근하게 해준 〈B주류경제학〉 크루들의 이야기. 이 책에는 그 이야기가 좀 더 풍부하고 폭넓게 담겨 있습니다. 그간 그러모은 저만의 금융 장난감을 들고 그들이 만들어놓은 놀이터로 함께 달려가보시죠.

시장의 흐름과 트렌드를 알아야 할 마케터라면 이 책부터!
— 전우성 브랜딩 디렉터, Seaside City 대표

한국은 언제부터인가 트렌드 열풍이 불고 있다고 얘기할 정도로 매년 연말이면 새로운 트렌드 책들이 서점에 쏟아진다고 해도 과언이

아닙니다. 저도 트렌드 책들을 가끔 펼쳐보고는 하는데 대부분의 트렌드가 주로 앞으로의 '전망'만을 주목합니다. 왜 주목하는 포인트가 전망일까요? 여기에는 사람들의 'FOMO(Fear of Missing Out)'를 건드리는 심리적 요인이 작용한다고 봅니다. 즉 트렌드를 모르면 나만 뒤쳐진다는 느낌이 바로 그것입니다. 그래서 늘 이런 트렌드 책이 조금 불편했어요. 사람의 이런 심리를 이용해서 새로운 시장을 형성한 것이 아닌가 하는 일종의 삐딱한 저만의 시선인 것이죠.

하지만 이 책은 달랐습니다. 다양한 카테고리 시장의 재무제표를 중심으로 지금의 현상에 오히려 주목하고 그것을 중심으로 먼 미래의 전망이 아닌 앞으로의 관망 포인트를 얘기합니다. 왜 요즘 그렇게 러닝이 유행인지, 왜 한때 한국에서 대유행했던 SPA 브랜드의 인기는 예전 같지 않고 다양한 도메스틱 브랜드들이 소비자들의 관심을 받고 있는지, 상대적으로 그것의 가격은 왜 비쌀 수밖에 없는지, 왜 요즘 사람들은 예전에 비해 훨씬 더 건강이라는 키워드에 꽂혀 있으며, 제로슈거의 열풍은 왜 젊은 세대를 중심으로 퍼져 나가고 있는지, 그리고 그것은 설탕값과 어떤 상관관계를 갖는지 등을 통해 지금 시장에서의 변화들을 해석하고, 이 시장에서 앞으로 어떤 현상들을 주목해서 봐야 하는지를 얘기하죠. 굉장히 직관적이면서 현실적입니다. 리얼리티가 상당해요. 그리고 무엇보다 쉽고 재미있습니다. 마지막에는 이러한 시장의 현상에서 발견한 요즘 사람들의 취향을 열 가지로 정리해서 말해주는데 이 부분이 저는 특히 좋았습니다. 짧지만 강렬했죠. 이것이 바로 지금 소비시장의 트렌드라는 생각이 들었습니다.

이 책을 읽고 보니 어쩌면 우리가 주목해야 할 트렌드라는 것은 늘 놓치고 마는 듯한 미래의 전망이 아닌 지금 시장에서 발생하고 있는 현상이라는 생각이 많이 들었습니다. 그래야 앞으로의 시장을 바라보는 자기 자신의 눈이 생길 수 있으니까요.

　　　종합해보면 이 책은 다양한 카테고리에서 지금 한국 시장이 어떻게 움직이고 있는지를 빠르게 잡아내고 그 안의 현상과 트렌드에 관심을 가져야 하는 모든 마케터라면 반드시 한번은 읽어봐야 할 책이라고 생각합니다. 물론 특정 직군을 떠나 경제에 관심 있는 누구나 읽기 좋은 책입니다. 저도 어느새 경제와 더 친해진 느낌이 드네요. 책을 보니 〈B주류경제학〉 유튜브에도 관심이 생겼습니다. 앞으로 자주 볼 것 같습니다.

모를수록 더 재미있는 돈 이야기
- 김윤하 대중음악 평론가

예술과 돈은 가까워질 수 없는, 아니 나아가 가까워서는 안 될 존재라는 이야기를 자주 듣습니다. 제가 몸담고 있는 음악계를 기준으로 생각해볼까요? 흔히 말하는 '인디 음악'의 인디(Indie)는 독립이라는 뜻의 인디펜던트(Independent)에서 비롯된 표현으로, 어디에서의 독립인고 하니 다름 아닌 자본에서의 독립을 뜻합니다. 특별한 목적을 가진 타인의 자본에 휘둘리지 않고 나의 힘으로 내 음악을 만들고 알리는 일련의 행위를 뜻하죠. 이미 여기서부터 돈과 좀처럼 가까워질 수 없을 것만 같은 음악은 실제로 음악가에 대한 평판과 맞물려 특수한 풍경을 만들기도 합니다. 음악가에게 '돈 좀 벌더니 음악이 초심을 잃었다'는 건 그 무엇과도 비교할 수 없는 큰 불명예고요. 케이팝 팬들은 자신이 좋아하는 동년배 가수가 자신은 꿈도 꿀 수 없는 명품이나 부동산을 쉽게 사는 모습을 보면서 그에 대한 사랑과는 상관없이 상대적 박탈감을 느끼기도 하거든요. 예술과 돈 사이 흐르는 미묘한 기류가 어느 정도 짐작이 가는 부분입니다.

　　이런 곳에서 평생을 살다 보니 아무래도 돈을 돌 보듯 하는 걸 당연히 여기며 살아왔습니다. 돈은 있다가도 없고, 없다가도 있는 것이라거나 자기 일에서 성공하면 돈은 당연히 따라온다는 말을 자주 했죠. 반은 맞고 반은 핑계인 상태로 돈에 무지한 자신의 방패막이로 사용하던 이 말은 〈B주류경제학〉을 만나고 조금 달라졌습니다.

　　(저와 같은 덕후지만 분야는 사뭇 다른) '재무덕후' 이재용 회계사와 김창선 PD는 돈을 모른다는 이유로 사람을 다그치거나 훈계하지 않았어요. 이것이 무척 중요했습니다. 돈이나 경제와 친해지고 싶어 찾아본 콘텐츠들이 하나같이 초장부터 '대체 그 나이 되도록 뭐 하고 산 거냐'라고 호통을 치는 덕에 울면서 백스페이스를 누른 적이 한두 번이 아니었거든요. 〈B주류경제학〉은 제 일상 가까운 곳에도 돈이 흐르고 있다는 당연한 사실을 '덕후답게' 알려줘 좋았습니다. 화석 같은 출판계도, 이제 막 논의가 시작된 안무저작권도, 다이소의 쾌속 질주도 자세히 들여다보면 당연하게도 돈이 만들어낸 그림들이 곳곳에 숨어 있었죠. 페스티벌 편 섭외 요청이 왔을 때도 그래서 마음 편히 응할 수 있었습니다. 돈은 모르지만, 페스티벌에 임하는 사람들의 이상할 정도로 결연한 진심만큼은 누구보다 잘 알고 있었거든요. 함께 출연한 DMZ피스트레인 이수정 예술감독과 촬영 중 몇 번이고 연발한 감탄은 방송용 리액션이 절대 아니었습니다. 다른 시선으로, 그것도 평소 외면하고 조금은 두려워했던 시선으로 볼 때 더욱 선명해지는 것들을 많이 보고 올 수 있었습니다. 아마 콘텐츠 〈B주류경제학〉을 애정하고 나아가 책 『B주류경제학』을 구매한 분들에게는 더 많은 것들이 보이겠죠. 막혀 있던 혈이 뚫린 것처럼, 모를수록 오히려 재미있는 돈 이야기를 만날 시간입니다.

B주류경제학

취향으로 읽는 요즘 경제

이재용 · 토스 지음

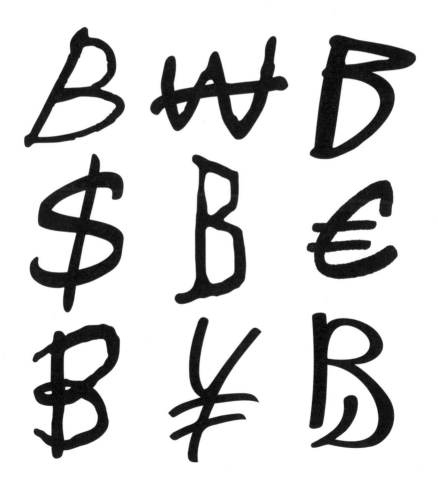

목차

Chapter 1. 콘텐츠

Chapter 2. 스타일

Chapter 3. 여가

Chapter 4. 음식

소비로 찾은 Z 취향 10

재무 '덕후'가 하고 싶은 말은 이겁니다
- 이재용 회계사

세상은 숫자로 이루어져 있습니다.

　　우리가 무의식적으로 하는 모든 활동의 결과는 돈을 벌고 쓰는 일로 귀결되는 경우가 많습니다. 이를 요약하면 '경제'라는 말로 표현할 수 있죠.

　　그런 경제 세상의 한복판에서 일하는 직업이 있습니다. 바로 공인회계사인데요. 회계사로 10년 이상 일을 하다 보니 세상의 흐름을 숫자로 보는 눈을 가지게 된 것 같습니다. 그렇다고 제가 세상의 모든 것을 알고 있는 현자라는 말은 아니고요. 그저 바깥의 풍경을 조금 더 자세히 살펴볼 수 있는 '회계'라는 이름의 안경을 하나 썼다고 생각해주시면 좋겠습니다.

　　저는 직업적으로는 공인회계사이지만 취향으로 따지면 '덕후(한 가지 분야에 깊이 빠진 사람)'에 가깝습니다. 세상 모든 것들에 호기심을 가지고 몰입하는 성향 때문인데요. 특히 야구나 게임, 웹툰 등의 콘텐츠를 좋아하는 덕후입니다.

　　그런 덕후가 회계를 매개로 세상을 바라보니 조금씩 다른 것들이 보입니다. 한없이 잘나가는 것 같은 회사가 어려워 보이기도 하고, 어려울 것 같은 산업에서 희망을 발견하기도 해요. 숫자를 통해 세상을 바라보니 아주 조금 더 진실에 가까워졌다고 할까요?

　　그렇게 혼자만 재미있어 하다가 우연한 기회로 유튜브에 출연하게 되었고, 그중 토스의 오리지널 콘텐츠 채널 머니그라피를 만났습니다. 〈B주류경제학〉의 제작진은 제가 전문가로서의 '엄근진(엄격, 근엄, 진지)'을 내려놓고, 마음껏 즐겨주기를 원했어요. 각 주제에 관한 전문적인 이야기는 게스트가 들려주고, 저는 거기에 살짝 숫자 얘기만 얹으면 된다니……. 제 취향과 성향에 딱 맞는 방송이었습니다.

그렇게 회차를 거듭할수록 방송에 대한 부담감은 줄어들고 즐거움이 더해졌습니다. 그러다 보니 자연스럽게 점점 더 많은 분들이 공감해주시는 방송이 되어가는 것 같습니다.

여러분은 언제 인생이 즐겁다고 느끼시나요?

최근 〈B주류경제학〉 과소비 편에 출연해주신 아주대학교 김경일 교수님께서는 가족과 함께하는 식사 시간이 행복의 중요한 부분이라고 말씀하셨는데요. 저는 그동안 몰랐던 새로운 사실을 알게 되고 그 지식이 다른 사람들에게 전달되어 그의 인생에 도움이 되었을 때 큰 행복감을 느낍니다.

이런 사람이 저만 있는 것은 아니겠죠? 비슷한 지적 호기심을 가진 30만 명이 머니그라피 채널을 채워주셨고, 앞으로도 더 많이 채워질 것이라고 생각합니다.

다만, '유튜브로 사람의 성장이 가능할까?' 하는 지점에서는 저는 다소 회의적인 입장입니다. 유튜브는 너무 쉽고 편합니다. 세상의 다양한 지식과 생각들이 무한대로 공유되고 있고, 마음만 먹으면 이 콘텐츠를 활용해 대단한 사람이 될 수 있을 것만 같습니다. 하지만 쉽게 얻은 것은 쉽게 잃기 때문에, 유튜브를 통해 생긴 관심을 더 깊게 이어줄 수 있는 콘텐츠가 필요합니다.

이 책이 나온 이유는 그것이라고 생각합니다.

직접 방송에 출연해 촬영했던 저조차도 수개월 전의 방송 내용이 잘 기억나지 않을 때가 많습니다. 그러니 아무리 꼼꼼히 영상을 시청한 구독자 분이어도 방송의 모든 주제와 내용을 기억하기는 어려울 것입니다.

　　이 책을 통해 〈B주류경제학〉 영상에서 느꼈던 감동과 기쁨, 지식과 관점들을 다시 꺼내보고, 휘발된 내용을 장기 기억 창고로 옮기는 작업을 해보면 어떨까요? 방송을 접한 적이 없는 분들도 이 책에서 다양한 주제와 생각들을 만나고, 그중 내 마음에 와닿는 단 하나의 주제를 발견하시면 좋겠습니다.

　　그러다 보면 여러분의 인생이 바뀔지도 모릅니다. 예를 들면 갑자기 (저처럼) 매일 스페셜티 커피를 음미하는 애호가가 되거나, 러닝을 통해 운동의 기쁨을 알게 되거나, 진정한 빵의 맛에 대해 생각하게 되는 것처럼 말입니다.

　　저는 즐겁고 행복한 인생에 대한 고민을 많이 합니다.

　　'행복'의 뜻이 모든 사람에게 동일하게 적용될 수는 없겠으나, 저는 행복은 특별한 그 어떤 것에 있지 않고 평범한 일상 속에 만족감을 느끼는 것이라고 생각합니다. 그리고 그 일상에서 기쁨이 되는 요소를 발견하기 위해서는 다양한 지식과 관심이 도움이 되는 경우가 많습니다. 아는 만큼 보이는 것이 세상이니 말입니다.

　　그러므로 『B주류경제학』은 궁극적으로는 우리 인생을 풍요롭게 해주는 행복에 관한 책이라고 말할 수도 있겠습니다.

　　우리 같이 조금 더 많이 압시다. 그리고 조금 더 행복해집시다. 그게 제가 여러분께 가장 전하고 싶은 말입니다.

각자 좋아하는 것이 너무 다른 우리는 90년대생입니다
– 〈B주류경제학〉 토스 제작진

〈B주류경제학〉을 만드는 토스 제작신은 전부 90년대 중반생입니다. MZ에서 'M'과 'Z'의 중간에 있는 세대죠. 배달의민족 닉네임 '푸드파이터'부터, '락저씨'라 불리는 유통사 출신 음악 마니아(…여성입니다), 일본 애니메이션 덕후(…중간에 일본으로 유학을 간다고 그만뒀습니다), 술은 입에도 못 대지만 라벨 읽는 걸 좋아하는 와인 덕후까지, 다양한 관심사를 자랑합니다.

저희가 MZ세대를 대표한다고 하기엔 무리가 있지만, MZ의 특징으로 지목받는 성질들을 갖고 있긴 합니다. 취향이 파편화된 시대, 주류와 비주류의 경계가 흐릿해진 시대에 각자 좋아하는 것이 뚜렷하고 그 사랑하는 마음을 소중히 가꿔간다는 점이 특히 그렇죠.

〈B주류경제학〉은 그런 저희가 가장 관심 가고 마음 가는 것이 무엇인지 매주 고민한 결과입니다. 약간은 통일성이 부족하고, 엇나가는 주제도 섞여 있지만, 그래서 더 자연스러울지도 모릅니다. 사람의 관심사가 일관될 수만은 없으니까요. 오히려 매끈하게 정리된 그 어떤 트렌드서보다 이 책의 목차가 지금의 소비 트렌드를 더 잘 담고 있지 않을까 하는 근거 없는 자신감도 있습니다.

그리고 저희 쇼의 호스트인 창선 님이 있습니다. 어떤 주제가 던져져도 막힘없이 대화를 이어갈 수 있는 제너럴리스트인데요. 관심사가 넓고 얕아 자신을 결코 덕후라 지칭하진 않습니다.

그보다는 한 분야를 깊게 '디깅(digging)'하는 분들을 관찰하는 걸 좋아하는 사람이죠. 그런 호기심과 거리감 사이의 적절한 균형이 그를 좋은 호스트로 만듭니다.

또 다른 호스트인 이재용 회계사는 10년 동안 소비재 위주 회사들을 감사해온 이른바 '재무쟁이'입니다. 자칫 뻔할 수 있는 프로필을 다른 재무쟁이와 구분해주는 것은 그의 덕후 기질입니다. 웹툰, 보드게임 등 어떤 취미에 한번 꽂히면 끝을 봐야 하는 사람이면서, 어느 날 치킨을 먹다 문득 가격이 비싸졌다는 생각이 들면 치킨 회사 재무제표를 찾아봐야 직성이 풀리는 사람이죠. 물론 이 집요한 기질 이면에는 허술함과 유머라는 반전 캐릭터가 숨어 있습니다. (TMI: 재용 님은 카메라가 켜졌을 때와 꺼졌을 때의 모습이 놀랍도록 같습니다.)

게스트를 섭외할 때는 '이 두 호스트가 사석에서는 절대 마주칠 일 없을 법한 사람'을 첫 번째 기준으로 삼았습니다. 대기업을 퇴사하고 스니커즈 외길 인생을 택한 유튜버, 스페셜티 커피 전문 바리스타, 피처 스타일리스트 출신 패션 크리에이터 등등. 놀랍게도 출연을 제안한 분들 중 대부분이 흔쾌히 초대에 응했습니다. 업계에서 지켜보고 겪은 많은 일들이 결국 거슬러 올라가 보면 돈 이야기라는 것을 경험한 그들로서는, 이런 대화를 꾸밈없이 나눌 수 있는 창구를 기다렸을지도 모릅니다.

그렇게 촬영장에서 만난 사람들의 대화는, 전혀 안 섞일 것 같지만 의외로 궁합이 좋습니다. 마치 김치피자탕수육 같달까요? 듣다 보면 어쩐지 앞뒤가 좀 맞지 않을 때도 있고, 주제에서 벗어날 때도 있고, 녹화 시간을 초과할 때도 있지만, 언제나 즐겁습니다.

그래서 조금은 중구난방인 〈B주류경제학〉에는, 지금 한국의 소비문화를 이해할 수 있는 여러 단서가 담겨 있습니다. 재용 님이 읽어주는 재무제표 속 숫자는 지금 이 산업에서 누가 어떤 원리로 돈을 벌고 있고 어떤 플레이어들이 고통받는지를 보여줍니다. 재무제표에 보이지 않는 현장의 생생한 이야기를 게스트들이 덧대어주기도 하고요. 간혹 취향의 파편화, 고물가 시대의 양극화, 압축 성장에 따른 후유증 등 여러 주제를 관통하는 키워드가 발견되기도 합니다.

그리고 영상이 업로드된 후 댓글창을 통해 전해지는 구독자 분들의 반응은, 그 주제에 관한 현재의 여론이나 패널들이 놓친 부분까지 보여주며 비로소 콘텐츠를 완성합니다.

그래서 PD로서 출연자의 생각에 공감할 수 없을 때도, 재용 님과 게스트의 시각이 부딪힐 때도, 그 맥락 그대로 살리기 위해 노력했습니다. 내용을 정면으로 반박하는 댓글이 달리면, '하트'를 찍어 저희의 마음을 표현했습니다. 사실보다는 관점이, 그 관점을 통해 한 번 더 이슈에 관해 생각해볼 수 있다는 점이 더 중요했습니다.

그건 이 책도 마찬가지일 겁니다.

〈B주류경제학〉이 25분 내외로 분량이 정해진 토크쇼이다 보니, 러닝 타임을 지키기 위해 아쉽게 잘라낸 내용이 많았습니다(보통 한 주제당 두 시간씩 찍습니다). 재미있지만 샛길로 빠진 에피소드들, 핵심은 아니지만 알아두면 더 흥미로운 맥락들을 책에는 좀 더 넉넉하게 담았습니다.

그간 유튜브를 통해 시리즈를 따라왔던 팬 분들은 책과 영상을 비교하며 보는 재미도 있을 겁니다. 지금까지 쌓인 여러 주제들을 한눈에 톺아보며 생각을 정리할 수 있는 매개가 될 수도 있을 겁니다. 그분들에게 선물과도 같은 책이 되길 바랍니다.

이 책을 통해 시리즈를 처음 접하는 독자 분들께는, 제작진이 촬영날 아침 녹화를 준비하러 골방 스튜디오에 들어갈 때의 마음이 그대로 전해지길 바랍니다. 오늘은 무슨 이야기가 나올까, 어떤 새로운 생각과 관점이 교차할까 (그리고 재용 님이 어떤 뜬금없는 말로 우리를 웃겨줄까) 하는 설레는 마음. 그 마음 그대로 읽어주셨으면 합니다.

소비문화 이면의 경제 이야기, 『B주류경제학』 지금부터 시작합니다.

이 책을 읽기 전
알아두면 좋을 재무제표 읽는 법

우리는 생존을 위해 다양한 제품과 서비스를 소비합니다. 이를 위해 돈을 벌어야 하고 돈을 벌기 위해 자신의 제품과 서비스를 생산해야 하죠.

　　이러한 생산활동의 대부분은 기업에서 이루어지는 경우가 많습니다. 기업은 돈을 버는 조직이므로 세금을 내야 하는데요. 그 세금을 내기 위해서는 재무제표라는 이름의 장부를 작성해서 국가에 제출해야 합니다. 그러다 일정 규모 이상이 되면, 그 재무제표를 외부의 회계사에게 의뢰하여 감사를 받고, 이후 그 재무제표는 대중에게 공개되어 다양한 평가를 받습니다.

　　기업의 재무제표는 기업의 과거와 현재에 대한 많은 정보를 포함하고 있어 그것을 해석할 수 있다면 기업의 상황에 대한 다양한 분석과 이해가 가능합니다.

　　이 책에는 여러 회계 개념들이 포함되어 있으므로 재무제표의 기본 지식을 숙지하면 이해하는 데 큰 도움이 될 것입니다. 다만, 기초적인 내용이므로 만일 회계에 익숙한 독자 분들이라면 본 장을 지나치고 바로 본문으로 넘어가도 괜찮습니다.

재무제표의 구성 및 기본 개념

재무제표는 기업의 재무 및 성과와 관련된 문서인데요. 재무상태표, 손익계산서, 자본변동표, 현금흐름표, 주석을 포함합니다. 그중 우리는 기업을 이해하기 위해 반드시 필요한 3개의 표, 재무상태표·손익계산서·현금흐름표를 중심으로 보고자 해요.

　　기업은 생물과도 같아서 매시간 계속 움직이는데요. 그중 특정일(주로 12월 31일)을 지정하여 재무상태표를 출력하면, 해당 시점에 기업이 보유한 자산의 목록과 부채(갚아야 할 돈) 및 자본(주주의 몫)의 목록을 볼 수 있어요.

이를 통해 회사의 재무상태가 건강한지(현금이 많고 부채가 적은지) 혹은 어디에 투자를 많이 했는지 혹은 빚을 지고 있는지 등을 확인할 수 있습니다.

재무상태표	
자산	부채
	자본

손익계산서
매출액 (매출원가)
매출총이익 (판매비와 관리비)
영업이익 기타수익 및 금융수익 기타비용 및 금융비용
계속사업이익 (법인세비용)
당기순이익

▣ 재무상태표: 특정일의 재무상태를 표기한 표
▣ 손익계산서: 일정 기간의 수익과 비용을 표기한 표

재무상태표는 특정일을 지정해서 본다면, 손익계산서는 일정 기간을 지정해서 보는데요. 보통 1월 1일부터 12월 31일까지의 연간 손익계산서를 많이 보는 편이에요.

기업의 최종적인 이익은 당기순이익이 맞습니다만, 당기순이익 위의 '계속사업이익'에는 기타수익 및 비용, 금융수익 및 비용 등이 포함됩니다. 이 친구들은 회계적으로 '비경상적'이라고 표현하는데요. 금리나 환율이 크게 출렁이거나 부동산을 파는 등의 사건들은 반복적으로 발생하지 않죠. 그래서 미래를 예측하는 데 큰 도움이 되지 않습니다.

다만 영업이익 위에 있는 매출액이나 매출원가, 판매비와 관리비 등은 기업이 영업을 위해 매년 벌고 쓰는 비용이므로 '경상적'이죠. 그렇기 때문에 기업의 현재를 분석하여 미래를 예측하기 위해서는 영업이익을 중심으로 살펴보는 것이 좋습니다.

현금흐름표
영업현금흐름
영업이익 + 감가상각비 등 +(-)영업활동 자산, 부채 증감
투자현금흐름
재무현금흐름
순현금흐름증(감)액
기초현금액
기말현금액

◉ 현금흐름표: 기업의 주요 활동별 현금의 변화를 나타낸 표

현금흐름표는 왜 필요할까요? 손익계산서는 주로 회계 기준에서 발생주의(현금주의와 대응되는 개념으로, 현금의 유입이나 지출과 관계없이 수익과 비용이 발생하는 즉시 기간손익을 인식하는 기준)를 따르기 때문에 현금의 흐름과 관련이 없는 손익이 있을 수 있습니다.

즉, 우리의 일반적인 상식과 어긋나는 숫자가 존재할 수 있다는 건데요. 예를 들어 현금이 들어왔지만 손익계산서상 매출이 되지 않는 경우도 많고, 손익계산서상 비용이지만 현금이 아직 나가지 않은 항목들도 많습니다.

손익도 중요하지만 기업에는 현금이 얼마나 있느냐가 기업의 생존과 운신의 폭을 결정하는 중요한 요소인데요. 주로 손익계산서의

한계를 보완하기 위해 현금흐름표를 활용하고 있어요.

현금흐름표는 영업, 투자, 재무활동이라는 기업의 세 가지 활동을 구분하여 표를 작성합니다. 기본적으로 기업이 벌고 쓰는 모든 활동은 영업활동으로 표시하고, 미래를 위해 투자한 금액(주식, 금융상품, 부동산, 기계장치 등)은 투자활동으로 표시, 그리고 대출이나 투자 유치 등 자금을 조달하기 위한 활동을 재무활동이라고 표시합니다. 이를 통해 기업의 현금이 어디로 들어와서 어디로 빠져나가는지, 기업의 상태가 좋은지 어려운지도 대략적으로 알 수 있습니다.

예를 들어 잘나가는 회사는 투자를 아주 많이 유치하거나(재무활동 유입) 투자를 많이 합니다(투자활동 유출). 그리고 더 잘나가는 회사는 영업활동에서 돈을 매우 많이 벌게 되죠. 그리고 상황이 어려운 회사는 반대로 영업활동에서 현금이 빠져나가기 때문에 가지고 있는 자산을 팔아서 부족한 현금을 메우게 됩니다(투자활동 유입).

이 책은 회계 이론책이 아니기 때문에 더 깊이 들어가지 않고, 제가 재무제표를 통해 기업을 분석할 때 주목하는 몇 가지 지표를 공유할게요.

손익계산서의 주요 요소

❶ 매출액과 매출원가 그리고 판매비와 관리비

매출액은 회사의 주된 영업활동에서 얻은 수익을 뜻하는데요. 저는 매출액의 성장률에 집중합니다. 전년도 대비 30% 이상 성장했다면 고도성장이라고 볼 수 있고요. 안정적인 기업은 매년 약 5~10% 정도 성장하는 것이 일반적입니다.

매출원가는 매출액을 만들기 위해 꼭 필요한 비용을 말합니다. 제품을 판매하는 기업의 경우 재료비가 필수적으로 반영되며, 생산에 꼭 필요한 인건비나 임차료 등 모든 제반 비용이 포함됩니다. 유형의 제품을 판매하지 않는 기업도 매출과 명확하게 관련된 인건비나 수수료 등이 있다면 포함합니다. 매출원가를 매출로 나눈 값을 매출원가율이라고 하는데요. 이 비율이 동종 업계 대비 높은지 혹은 낮은지 비교하면 회사의 수익성을 판단해볼 수 있습니다.

판매비와 관리비는 (매출원가를 제외한) 영업과 관련된 비용을 말하는데요. 보통 줄여서 판관비라고 부릅니다. 판관비에서는 어떤 비용이 중요한지, 그 중요한 항목이 매출액 대비 어느 정도 비중을 차지하는지, 그리고 그 비중이 증가 혹은 감소하고 있는지를 보면 회사의 비용이 효율적으로 사용되고 있는지 여부를 판단해볼 수 있어요.

❷ 변동비와 고정비

비용을 매출원가와 판관비로 구분하는 것도 중요하지만 기업의 손익 형태를 이해하기 위해서는 변동비와 고정비의 개념도 알고 있는 것이 좋아요.

변동비는 매출 1건이 발생할 때마다 함께 발생하는 비용인데요. 재료비, 운반비, 판매수수료 등이 이에 속합니다. 변동비는 매출과 비례하여 증가하기 때문에 변동비를 많이 써야 하는 기업의 경우 매출액이 증가하더라도 영업이익이 크게 증가하지 않는 특성이 있습니다.

고정비는 매출과 직접 비례하지 않는 비용을 말하는데요. 일반적으로 저는 '숨만 쉬어도 발생하는 비용'이라고 표현합니다. 인건비, 임차료, 광고선전비 등이 있죠.

변동비에 비해 고정비가 중요한 기업들(플랫폼, 소프트웨어 등)의 경우 매출이 증가하면 영업이익도 크게 증가하는 특성이 있습니다. 반대로 고정비만큼의 매출액을 만들어내지 못하면 적자도 크게 발생하죠.

이러한 분류가 절대적이진 않아요. 어떤 기업은 매출액과 인건비가 상당히 비례할 수도 있고요(인센티브 급여가 큰 경우). 사업 면적이 중요한 기업은 매출액과 임차료가 비례할 수도 있습니다. 광고도 일반적인 브랜드 광고는 매출액과 직접적으로 비례한다고 할 수 없으나, SNS나 온라인 플랫폼에 비용을 집행하는 광고의 경우 광고 실적을 추적하여 매출과의 상관관계를 분석할 수 있으므로 변동비에 가깝다고 할 수 있습니다.

변동비나 고정비의 분류는 손익계산서에서 찾아볼 수 없습니다. 그렇기 때문에 이 책에서 손익계산서를 읽을 우리는 기업의 상황도 어느 정도 이해해가면서 숫자를 분석할 필요가 있습니다.

재무상태표의 주요 요소

❶ 부채비율

재무상태표의 가장 기본적인 비율을 꼽자면 부채비율이 있습니다. 부채비율이란 자본 총액을 부채 총액으로 나누고 100을 곱한 값인데요. 일반적으로 부채비율이 200%를 넘어서면, 즉 부채의 총액이 자본 총액의 2배 이상이면 재무적으로 위험하다고 이야기합니다.

이는 업종마다 큰 차이가 있으므로 업종별 특수성을 고려해야 합니다. 예를 들어 거대한 시설 투자가 필요한 항공업이나 해운업에서는 부채비율이 500%를 넘어가는 경우도 많으니 말입니다.

참고로 부채비율이 너무 낮아도 문제입니다. 예를 들어 부채비율이 50%도 되지 않는 기업은 일반적인 상거래에서 발생하는 외상매입금 말고는 부채가 거의 없을 것입니다. 말하자면 무차입에 가까운 상황인데, 이 경우 회사의 성장 동력이 떨어지는 경우가 많습니다. 기업은 어느 정도 빚을 지고 투자도 하는 것이 성장률 측면에서는 유리하기 때문입니다.

❷ 현금 잔고

기업은 예상치 못한 상황에 대비할 수 있도록 적정한 수준의 현금을 보유하고 있어야 합니다. 재무상태표에서 현금 및 현금성자산은 보통예금 계좌로 보유하고 있는 현금을 이야기하며, 단기금융상품은 정기예금 혹은 단기투자 계좌(CMA, MMDA, MMF 등)에 보유한 현금을 말하는데요. 두 계정 모두 사실상 바로 사용할 수 있는 현금에 가깝다고 보시면 됩니다. 현금 잔고는 어느 정도가 적당할까요? 이는 손익을 함께 고려해야 하는데요. 만일 전년도에 2,000억 원의 적자를 기록했던 기업의 12월 31일 현금 잔고가 1,000억 원이면 마음이 어떨까요? 불안하죠. 즉, 현재 적자를 보고 있는 기업의 경우 적어도 2년 치 이상의 가용 자금을 보유하고 있어야 안전하다고 볼 수 있습니다.

　　그렇다면 현금은 많으면 많을수록 좋을까요? 그건 아닙니다. 현금은 아주 작은 비율의 이자 수익 말고는 큰돈을 벌어오는 자산이 아니죠. 그 돈을 다른 데 투자하거나 운용하면 더 큰 수익을 낼 수 있습니다. 따라서 너무 많은 현금을 보유한 기업은 장기적인 성장성이 부족해질 수 있습니다. '그럼 보유 현금이 어느 정도여야 많은 거냐'라고 물어보시면 대답할 수 있는 명확한 기준은 없습니다. 저는 보통 1년 치 매출액 이상이나 3년 치 영업이익 이상의 현금을 보유하고 있다면 '현금이 좀 과하구나' 생각하곤 합니다.

❸ 재고자산

방송을 보신 분들은 제가 유독 재고자산에 대한 이야기를 많이 하는 것을 보셨을 겁니다. 주로 물건을 제조하거나 매입하여 판매하는 기업에 재고자산이 존재하는데요. 물건을 팔기 위해서는 적정 수준의 재고가 반드시 필요합니다. 열심히 만들어놓은 재고가 쌓여서 창고에 적체되기 시작하면? 그때부터는 기업의 현금 잔고와 이익을 갉아먹으므로 필요 이상의 재고자산을 가지고 있는지 보는 것은 기업의 상태를 파악하는 데 매우 중요한 지표라고 할 수 있습니다.

보통 재고자산의 많고 적음을 알기 위해서는 손익계산서와의 비교가 필수입니다. 예를 들어, 재무상태표상 재고자산이 100억 원이 있는 기업이 있다고 가정합니다. 손익계산서상 매출원가를 확인했더니 1년 치 매출원가가 1,200억 원이었습니다. 그럼 창고에 재고자산이 몇 개월 치 있는 것일까요? 1개월입니다.

1년 동안 매출원가가 1,200억 원이라는 말은 1년 동안 매출을 위해 판매한 재고의 원가가 1,200억 원이라는 뜻이며 이는 월평균 100억 원을 소비했다는 것으로 유추해볼 수 있을 것입니다. 이 경우 창고에 재고자산이 100억 원이 있으면, 한 달 치 재고가 있구나 하고 생각하시면 됩니다.

그럼 기업에 몇 달 치 재고가 적정할까요? 이는 기업의 특성에 따라 달라지므로 정답은 없습니다. 예를 들어 해외 공장에서 제품을 생산하는 패션 기업을 가정해보면, 그들은 보통 1년에 두 번 (SS시즌, FW시즌) 제품을 생산합니다. 그래서 제품의 기획과 생산은 대개 해당 시즌보다 6개월 앞서서 이뤄지죠. 그런 기업들은 재고자산 보유금액이 약 6개월 치 내외인 경우가 많습니다.

이렇듯 기업의 재고 생산 프로세스와 유통 방식 등을 고려하여 적정 재고를 유추할 필요가 있습니다.

❹ 선수금과 예수금

기업 중에는 고객으로부터 미리 돈을 받는 경우도 있습니다. 1년 치 구독권을 한번에 결제받는 입시학원도 있고, 충전금 형태로 돈을 넣어두는 스타벅스와 같은 서비스도 매우 많죠. 매출을 위해 돈을 먼저 받은 금액은 선수금 혹은 선수수익이라는 부채로 인식하고, 충전금은 예수금이라는 부채로 인식합니다. 이런 부채들은 쌓이면 쌓일수록 행복한 부채가 되겠죠. 실제로 1년 단위 선수금 혹은 예수금의 변화를 확인했을 때 그 잔고가 유의미하게 성장하고 있다면, 그 기업의 고객 수 혹은 결제금액이 커지고 있다는 증거이기 때문에 미래 매출액도 비슷한 비율로 성장할 가능성이 높습니다.

현금흐름표의 주요 요소

❶ **영업활동현금흐름:**
   손익과 현금의 방향이 일치하지 않는 기업

영업활동현금흐름의 경우 손익계산서상 흑자 기업은 플러스(현금도 흑자), 적자 기업은 마이너스로 표시되는 것이 일반적입니다. 다만 업종의 특성에 따라 손익과 현금의 큰 차이가 나기도 하니 유의하여 지켜봐야 합니다. 차이의 원인은 주로 외상 거래와 재고자산인데요. 기업 간 거래에서는 외상이 일반적입니다. 하지만 갑을 관계상 힘의 차이가 존재하면 돈을 늦게 받는 일도 발생하는데요. 외상 기간은 통상 1개월 수준이 일반적이지만 대기업이나 유통업체의 경우 2~3개월 정도 되기도 합니다. 그렇게 되면 영업이익을 기록하는 기업일지라도 영업활동현금으로는 적자가 날 수도 있습니다. 그와 반대로 매출 대금은 빨리 받고 매입 대금을 늦게 주는 기업은 손익으로는 적자를 기록할지라도 영업활동현금흐름에서는 흑자가 되어서, 기업을 경영하기에 유리한 경우도 있습니다. 보통 쿠팡 같은 유통 기업이 이에 해당합니다.

　　나아가 재고자산을 보유하고 있는 기업은 재고자산 보유 금액이 커질수록 현금흐름에 좋지 않은 영향을 미칩니다.

그래서 재고자산을 3개월 분 이상 보유하고 있는 기업은 현금이 갑자기 턱턱 막힐 수 있습니다.

이처럼 손익과 현금흐름의 상관관계를 알고, 현재의 숫자를 바라보면 기업에 대해 더 깊이 이해할 수 있게 됩니다.

❷ 투자활동과 재무활동의 중요한 부분

투자활동과 재무활동에서는 주로 큰 숫자가 어디서 나오는지 확인하면 기업의 현재 상황과 의도를 알 수 있습니다.

예를 들어 투자활동에서 시설에 대한 투자를 전년보다 늘렸다는 것이 확인된다면 '기업이 공격적으로 성장을 하려고 하는구나'라고 추측할 수 있으며, 재무활동에서 배당금 지출을 늘렸다면 '배당 정책 강화로 주가 부양에 힘쓰는구나'라고 짐작해볼 수 있습니다.

흔히 '회계는 언어다'라고 표현하곤 합니다. 경제 영역에서의 정보를 주고받고 소통하기 위한 언어 말입니다. 언어를 잘하려면 어떻게 해야 할까요? 기초를 익힌 다음 자주 접하는 것이 가장 정석이고도 빠른 길이죠. 재무제표도 마찬가지입니다. 이론을 아무리 방대하게 공부한들 전문가가 아닌 일반인이 회계를 잘하기는 쉽지 않습니다. 그저 우리 주변의 기업에 관심을 가지고 잘 모르더라도 수시로 재무제표를 살펴보고, 이에 대한 해석을 전문가에게 물어보거나 관련 콘텐츠를 접하는 방식으로 회계와 친해진다면, 경제라는 영역을 넘어 세상을 대하는 데 조금 더 풍성한 통찰력을 가지게 될 거예요.

B주류경제학

출판

웹툰

음악 엔터

팝업

Chapter1.

콘텐츠

늘 불황이지만 사라지진 않는 기묘한 책들의 세계

10여 년째 '단군 이래 최고의 불황'이라는 수식어가 따라다니는 시장이 있습니다. 그러면서도 해마다 새로운 상품들이 수만 종씩 쏟아지는 아주 신기한 시장이죠. 바로 책 시장인데요. 대한민국 성인 2명 중 1명은 1년에 단 한 권의 책도 읽지 않는 시대, 그 암울한 숫자 너머에 존재하는 도서 생태계의 실제 풍경은 어떤 모습일까요? 종이책의 종말이 정말 머지않은 걸까요?

'책'은 좀 다르다! 그동안 몰랐던 도서 시장의 속사정

1994년, 우리나라의 성인 독서율은 무려 86.8%에 달했습니다. 대한민국 성인 10명 중 8명은 1년 동안 최소 한 권 이상의 책을 읽었다는 뜻입니다. 2009년까지만 해도 72%였던 이 수치는 2010년대에 접어들며 심상치 않은 하락세를 보이기 시작하더니, 지난 2021년에는 41%를 기록했습니다. 해당 수치는 종이책에 한정하여 산정되었지만, 문화체육관광부에서 종이책과 전자책, 오디오북 이용까지 포함하여 조사한 2023년의 성인 독서율 또한 43%라는 낮은 수치를 기록했어요. 미국의 성인 독서율이 2011년에는 78%, 2021년에는 75%인 것과 상당히 다른 추이를 보이고 있죠. 도대체 대한민국에,

우리나라 독서율 추이
출처: 문화체육관광부

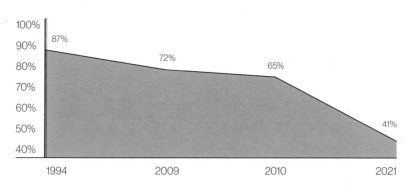

미국 독서율 추이
출처: Pew Research Center

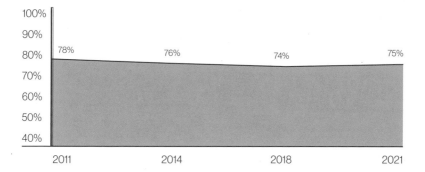

그리고 대한민국의 도서 시장에 무슨 일이 일어나고 있는 걸까요?

　　한국의 독서율이 가파르게 떨어지는 이유로 '비싼 책값'을 꼽는 경우가 많은데요, 이에 대해 이야기하기 전에 그 책값에 어떤 비용들이 포함되는지부터 살펴보죠. 신간 도서 2,000부를 제작한다고 가정했을 때, 보통 서점 마진이 책값의 약 30~40%, 출판사 마진이 약 20~25%를 차지합니다. 인건비, 인쇄비 등의 제작비가 20~25%, 마지막으로 저자 인세가 10% 정도 됩니다. 정가 1만 5,000원의 책 한 권을 팔았을 때 출판사는 3,000원에서 3,750원, 저자는 1,500원을 얻는 구조인 셈이에요.

　　그렇다고 30~40%를 가져가는 서점이 지나친 폭리를 취한다고 하기도 어렵습니다. 책이 지니는 특수성 때문입니다. 우선, 도

책값에 포함된 항목　　출처: 『책 쓰는 토요일』(이임복 지음, 천그루숲)

30~40%	서점 마진
20~25%	출판사 마진
20~25%	제작비
10%	인세

서 시장은 엄청난 다품종 시장이고, 각각의 책들은 일정한 면적을 차지합니다. 오프라인 서점은 이 다양한 책들을 진열하기 위한 공간이 필요하니 고정비가 많이 들어갈 수밖에 없습니다. 온라인 서점의 경우에는 물류비가 들고요. 심지어 결제 금액이 1만 원만 넘으면 무료로 배송됩니다. 서점이 배송비까지 책임져야 하는 겁니다.

이런 상황에서 최근 몇 년 사이 출판사들이 책의 정가를 인상해야만 하는 외부 요인들이 발생했습니다. 첫째는 원자재 가격 상승입니다. 물가가 꾸준히 올랐기 때문이기도 하지만, 코로나 사태와 러시아-우크라이나 전쟁을 거치면서 종이값이 30% 이상 상승한 것이 결정적이었어요. 둘째는 인건비 증가입니다. 최저임금 인상과 주 52시간 근무제 시행으로 인건비가 오르고 제작 기간이 늘어난 거죠. 여기에 독서 인구가 급감하면서 제작 부수 자체가 줄어든 탓도 있습니다.

또, 책 가격 이야기에서 도서정가제를 빼놓을 수 없습니다. 도서정가제란 정해진 비율 이상으로는 도서의 가격을 할인하지 못하도록 제한하는 제도입니다. 책값 인하 경쟁의 과열을 막기 위함인데요. 이 제도를 두고 벌어진 의견 차이에 집중하기보다 이 제도가 책을 바라보는 흥미로운 관점에 주목해보세요. 책을 무한 경쟁이 가능한 오락 콘텐츠가 아닌 보존이 필요한 지식 또는 문화 자산으로 다루고 있다고 느껴져요. 마치 지켜야 하는 자연환경처럼 말이죠. 이 부분에서도 책의 특수성이 드러난다고 볼 수 있어요.

화석 비즈니스? 한국 출판 산업의 현주소

출판사를 구분하는 방식은 여러 가지가 있지만, 크게 문학 출판사와 실용서(인문, 과학, 경제경영, 자기계발 등 문학 외 분야의 도서) 출판사로 나눌 수 있습니다. 사실, 출판업계 내에서는 분야의 경계가 뚜렷하지도, 허들이 높지도 않아 딱딱 떨어지게 나누기는 어렵습니다. 이를 감안하여 대표 문학 출판사로는 민음사, 창비, 문학동네 세 곳을 선정하고, 대표 실용서 출판사로는 다산북스, 북이십일, 위즈덤하우스 세 곳을 골라 들여다본 결과, 현재 한국 출판 산업은 한 단어로 요약할 수 있었어요. '화석 비즈니스!'

　　화석이란 별명을 붙인 이유는 자신의 영역을 견고하게 지키며 유지하고는 있지만, 정말이지 큰 변화가 없기 때문입니다. 문학 출판사들을 먼저 살펴볼까요? 세 출판사의 재무제표를 나란히 두고 보면 놀라울 만큼 비슷한 점이 많습니다. 2022년과 2023년의 숫자에 큰 차이가 없고, 영업이익률은 10% 내외에서 크게 벗어나지 않습니다.

　　매출원가율도 약 55%로 비슷한 것이 특징인데요. 예를 들어 도서의 인쇄비와 에디터, 디자이너 등의 인건비가 서점 공급가격 대비 55% 정도 들어간다고 보면 되겠습니다. 거기다 10% 내외의 저작권료와 광고선전비 등의 관리비를 추가적으로 지급하고 나면 대

문학 출판사별 매출 변화

구분	민음사		창비		문학동네	
	2022년	2023년	2022년	2023년	2022년	2023년
매출액	146억 원	143억 원	291억 원	255억 원	331억 원	323억 원
매출원가	81억 원	72억 원	162억 원	145억 원	183억 원	185억 원
매출원가율	55.3%	50.4%	55.7%	56.7%	55.3%	57.4%
영업이익	11억 원	16억 원	28억 원	17억 원	58억 원	32억 원
영업이익률	7.8%	11.0%	9.5%	6.7%	17.4%	10.0%

략 10%의 영업이익이 남게 되는 구조인 것이죠. 그러다가 몇십만 부가 팔리는 베스트셀러가 나오면 매출원가율이 낮아지면서 영업이익이 높아집니다. 문학동네의 경우『하얼빈』같은 베스트셀러의 효과 등으로 2022년 영업이익률이 17.4%로 높아졌는데요. 늘어난 영업이익만큼 다음 해 임직원 수가 106명에서 135명으로 늘어나 영업이익률이 다시 10%로 내려가는 것을 볼 수 있죠.

　실용서 출판사들 역시 비슷합니다. 세 출판사의 매출액이 모두 300억 원에서 400억 원 사이이며, 매출원가율도 55% 언저리죠. 다산북스의 2022년 영업이익률이 1%대인 것이 좀 특이한데요, 이 해에 특정 베스트셀러 도서 외에 1쇄만 찍고 재쇄를 찍지 못한 책들이 많다거나 직원을 대거 채용해 인건비가 올라가는 등의 이슈가 있었을 것으로 짐작됩니다. 이런 화석 비즈니스 산업은 10년 전이나 20년 전까지 거슬러 올라가 봐도 큰 차이가 없습니다. 그러니 남들

실용서 출판사별 매출 변화

구분	다산북스		북이십일		위즈덤하우스	
	2022년	2023년	2022년	2023년	2022년	2023년
매출액	332억 원	400억 원	327억 원	353억 원	337억 원	328억 원
매출원가	218억 원	267억 원	174억 원	193억 원	-	-
매출원가율	65.6%	66.8%	53.1%	54.6%	-	-
영업이익	4억 원	26억 원	60억 원	66억 원	15억 원	14억 원
영업이익률	1.3%	6.4%	18.5%	18.6%	4.4%	4.3%

참고: 위즈덤하우스의 경우 포괄손익계산서 형태로 모든 비용을 합산하여 표시함.
　　　영업이익률이 낮은 것으로 보아 원가율이 높은 편일 것이라고 유추할 수 있음.

이 다 위기라고 해도 정작 내부에서는 이를 실감하기가 쉽지 않아요. 앞서 이야기한 책이라는 상품의 특수성을 비롯해 여러 환경 요인을 고려하더라도, 발전적인 방향이 아니라는 건 분명합니다.

　　　하지만 출판 산업은 단지 숫자로만 판단하기에는 어려운 측면이 있습니다. 이를 단적으로 보여주는 것이 바로 교보문고의 감사보고서입니다. 감사보고서의 주석 첫 페이지에는 회사의 설립 목표나 취지, 사훈 등이 적혀 있는데요. 교보문고의 경우는 이런 내용이 들어 있습니다.

　　　"교보문고는 1980년 12월에 국민교육진흥의 실천 구현과 독서 인구 확대를 통한 국민 정신 문화 향상, 사회 교육적 기능을 통한 공간 창출을 창립 이념으로 삼아 설립되었으며……."

　　　설립 목표를 이렇게 공익적으로 설명하는 주식회사는 드뭅니다. 책의 문화적 가치성이 강하게 느껴지는 내용이죠. 교보문고는 광화문점, 강남점 등 주요 지점들의 공간 리뉴얼을 거듭하는 등 오프라인 공간의 활성화를 위해 끊임없이 노력하고 있습니다. 오프라인 매장의 적자가 이어지는 상황에서도 그 노력을 포기하지 않는 것은 공익성에 기반한 설립 이념과 그 안에 담긴 책의 고유한 가치가 40여 년이 흐른 지금까지도 여전히 의미 있기 때문이 아닐까요?

온라인과 오프라인, 책 어디에서 구매하나요?

이번에는 책을 소비하는 공간인 서점을 중심으로 출판 시장의 흐름을 짚어보려 합니다. 현재 국내 대형 서점은 교보문고, 예스24, 알라딘, 이렇게 총 세 곳이 있습니다. 이 중 교보문고만 오프라인 서점과 온라인 서점을 모두 운영 중이에요.

　　　도서 구입 채널은 오프라인에서 온라인으로 확실히 전환되고 있습니다. 실제 책 판매에서도 온라인이 차지하는 비중이 전체의 70~80%로 오프라인을 압도하는 모습이고요. 오프라인과 온라인 서점은 베스트셀러 순위도 다릅니다. 오프라인의 경우 한번 베스트셀러 순위권에 진입하면 꽤 오래 머무를 가능성이 높습니다. 반면 온라인의 베스트셀러 목록은 하룻밤 사이에도 크게 변동되곤 합니다. 그래서 소비자들이 온라인 서점으로 많이 옮겨갔어도 오프라인 서점의 영향력을 무시할 수는 없습니다. 오프라인 서점의 베스트셀러에 오르면 해당 도시의 온라인 판매량도 당연히 늘고, 전국의 중소형 오프라인 서점, 독립 서점 등에 입고되는 수량도 달라지기 때문이죠.

　　그렇다면 실제 서점 업계는 어떻게 굴러가고 있을까요? 명실상부 서점 업계 1위인 교보문고의 재무제표를 살펴보았어요. 2019년 6,099억 원이던 매출액은 2023년 9,014억 원으로 해마다 작지 않은 폭으로 늘어났어요. 일단 자체 매출액은 늘어나는 추세죠. 그런데 반전은 영업이익에 있습니다.

　　2019년에 56억 원이던 영업이익이 2020년 6억 원으로 50억 원이나 급감합니다. 그리고 2023년에는 마이너스 360억 원이라는 극단적인 결과를 기록했고요.

　　내부적인 상황까지 낱낱이 파악하긴 어렵지만, 온라인 시장

3대 대형 서점 재무제표 요약   기준 연도: 2023년

구분	교보문고	예스24	알라딘
매출액	9,014억 원	6,419억 원	4,650억 원
영업이익	-360억 원	91억 원	141억 원
영업이익률	-4.0%	1.4%	3.0%
전년 대비 이익률 변화	-2.3%p	-1.2%p	-0.4%p

으로의 전환이 적자에 큰 역할을 했을 것으로 예상돼요. 매장을 두고 고정적인 운영비가 들어가는 오프라인 서점보다 온라인 서점의 수익 구조가 더 좋을 것이라 생각하기 쉬운데, 그리 간단한 문제는 아닙니다. 우선, 오프라인에서는 정가로 판매하는 책을 온라인에서는 10% 할인된 가격에 판매합니다. 게다가 마일리지를 이용한 간접 할인이 최대 5%까지 가능하죠. 가장 큰 복병은 배송비와 물류비입니다.

오프라인 서점에서는 오늘 책을 한 권 구매한 독자가 내일 다시 와서 또 한 권을 구매한다고 해서 추가 비용이 발생하지 않죠. 온라인에서는 독자가 구매할 때마다 추가 비용이 생깁니다. 그런데 수익성이 낮은 온라인 채널의 비중이 갈수록 커지니 재무 현황에서 어려운 상황이 드러날 수밖에 없겠죠.

전자책 업계에 혜성처럼 등장한 구독 서비스

종이책이 중심인 도서 시장에 전자책이 처음 등장했을 때 독자들 사이에 묘하게 낯설고 어색한 분위기가 흘렀는데요. 하지만 그것도 이제 옛날 이야기예요. 온라인 서점들은 자체적으로 전자책 플랫폼을 제공하고, 전용 리딩 프로그램과 애플리케이션을 개발해 유통하고 있고, 전자책 전용 단말기도 제법 다양하게 출시했습니다. 리디북스에서 최근 사명을 변경한 '리디'는 전자책 전문 유통업체로 한때 주목받기도 했죠. 웹툰/웹소설의 인기와 더불어 전자책 시장도 계속 성장하고 있습니다. 2020년에는 최초로 흑자를 기록했고요. 하지만 여전히 종이책을 선호하는 사람들, 전자책에 허들을 느끼는 저자와 독자들, 콘텐츠 보안의 문제 등 여러 문제들이 산재해 있는 시장이기도 합니다.

이렇게 혼란한 전자책 시장에 혜성처럼 등장한 플랫폼이 있습니다. 바로 '밀리의 서재(이하 '밀리')'입니다. 최근에는 주식시장 상장에도 성공했죠. 밀리는 온라인 서점들의 전자책 플랫폼이나 리디와는 차이가 있습니다. '구독 서비스'라는 무기를 장착했거든요. 그래서 책을 제공하는 출판사와의 계약 구조 자체가 다릅니다. 출판사가 밀리에 전자책을 업로드하면 밀리 이용자들이 다운로드하여 읽게 되는데, 다운로드 횟수에 따른 금액이 출판사에 돌아갑니다.

밀리는 스스로 "현재 대한민국 국민의 5% 정도만 독서 애호가라고 하는데, 우리는 95%의 국민들이 책을 즐길 수 있도록 보다 말랑말랑하고 쉬운 플랫폼을 지향"한다고 설명합니다. 실제로 밀리 플랫폼에 들어가 보면 완독률 데이터를 한눈에 볼 수 있는 이미지로 제공하거나 원천 IP(지식 재산권)를 활용한 챗북, 오디오북, 오브제북과 같은 2차 콘텐츠를 서비스하는 등 책을 쉽게 접하게 돕는 장치들이 펼쳐져 있어요. 이렇게 기업의 지향점과 플랫폼의 구현이 잘 맞닿아 있는 것은 상당히 긍정적으로 보입니다. 실제로 상장되기 전 해에 밀리는 매출액 450억 원에 영업이익 41억 원을 기록했어요. 비용을 잘 통제하는 동시에 이익도 잘 만들어나가고 있다는 것이 확인되는 수치죠. 이와 같이 전에 없던 구독 서비스 시스템이 과연 국내 출판계에 새로운 지각 변동을 일으킬 수 있을까요?

SPECIALIST's TALK
뜻밖의 닮은 꼴, 출판과 패션

불황의 연속인 출판계가 해결 방안을 찾는 데 참고할 만한 시장이 하나 있어요. 바로 패션인데요, 엄청난 다품종 업계이면서 제품 가격에서 원가 비중이 낮다는 점에서 도서 시장과 상당히 비슷하기 때문입니다. 현재 패션 시장에서는 제품의 디자인이나 질, 가격도 당연히 중요시하지만 무엇보다 브랜딩에 주력하는 모습이 돋보입니다. 소비자들이 기본적으로 브랜드를 보고 그 브랜드의 문을 열고 들어가 옷을 살펴볼지 말지 결정한다는 것을 알고 있거든요.

옷을 구매하면서 '이 브랜드는 모자를 잘 만들어' '저 브랜드는 재

킷 핏이 탁월해'라는 브랜드 특장점을 떠올리는 것처럼 책을 살 때도 'A 출판사 추리소설은 믿고 살 수 있어' 'B출판사 요리책이 제일 보기 편하더라' 하고 인식시킬 수 있다면 그것만큼 확실한 경쟁력도 없을 겁니다. 고객들에게 우리 출판사의 이미지를 선명하게 각인시키는 노력이 뒷받침된다면 출판사들의 전망도 무조건 현상 유지나 하향세에 머물지는 않을 거예요.

B주류 추천

『여행 아닌 여행기』   조아란 출판 마케터 추천
(요시모토 바나나 지음, 민음사)

여행을 떠나는 건 설레고 좋지만 기간이 너무 짧잖아요. '여행하는 기분을 어떻게 일상에도 적용해볼 수 있을까'가 저의 큰 고민거리거든요. 반복되고 그저 흘러가 버리는 일상의 순간들을 요시모토 바나나 작가는 잘 포착해내요. 매일 걷는 거리에서 발견하고, 계절이 바뀌면서 오는 기쁨을 느낄 줄 아는 삶이 인간다운 삶이라는 걸 알게 해주는 책이에요.

『유시민의 글쓰기 특강』   이재용 회계사 추천
(유시민 지음, 생각의길)

무협 소설에서 무림 고수들이 단전에 내공을 한 바퀴 돌리는 것을 운기조식이라고 하는데요. 독서가 바로 그런 것이라고 생각해요. 기를 돌리면서 자신을 조망하는 거죠. 책을 통해 자신을 발견하고, 알고 있는 지식과 경험을 확대해나가는 과정을 통해서요. 제 인생을 바꾼 책 중 하나인 이 책은 많이 쓰고 읽고 생각하면 글을 잘 쓴다는 흔히 들어본 말을 다양한 사례를 통해 논리적으로 해석해줘요. 다독, 다작이 인생의 모든 영역에서 전반적으로 중요하다는 사실을 함께 발견해주셨으면 좋겠습니다.

콘텐츠의 대홍수 속에서 웹툰이 살아남는 법

텍스트부터 오디오, 이미지, 영상 등 우리는 정말 다양한 형태의 콘텐츠에 둘러싸여 살아가고 있어요. 그중에서 이번에 다뤄볼 것은 웹툰입니다. 지하철이나 버스를 타고 출근할 때, 카페에서 주문한 음료가 나오길 기다릴 때, 잠자리에 들었지만 아직 졸리지는 않을 때 같은 '토막 시간'에 즐기기에 웹툰만큼 좋은 것도 없죠. 다시 말해 일상의 아주 미세한 부분까지 웹툰이 파고들어 있는 셈입니다. 그런 웹툰의 시작이 다름 아닌 한국이라는 사실, 알고 계셨나요?

웹툰 종주국 한국! 만화책과는 다른 새 세계를 열다

오늘날 글로벌 시장에서 한류는 단순한 유행을 넘어 하나의 문화로 자리 잡았습니다. K-팝과 K-드라마를 비롯해서 뷰티, 패션, 음식, 게임 등 'K' 자가 붙지 않은 것이 없죠. 그런데 이상하지 않나요? 'K-웹툰'이나 'K-툰'은 들어본 적이 없는 것 같습니다. 한국 웹툰과 이를 원작으로 한 드라마, 영화, 게임이 전 세계적으로 소비되고 있는데도 말입니다. 당연합니다. 현재 웹툰의 형태와 소비 방식, 심지어 '웹툰'이라는 단어 자체도 한국에서 만들어졌거든요. 한국이 웹툰의 종주국이기 때문에 굳이 'K'를 붙일 필요가 없는 겁니다.

　　　종이책이 아닌 형태로 만화를 보는 것에 대한 실험은 이전에도 많이 있었습니다. 하지만, 스크롤을 내려가며 즐기는 세로형 만화는 2000년대 초반 한국에서 처음 도입됐어요. 이를 온라인상에서 유통하기 시작한 것도 한국입니다. 그렇다 보니 이 새로운 형식에 가장 알맞은 연출 방법과 그림 스타일, 소재 선정과 관련된 노하우를 갖추었고요. 스포츠로 치면 한국이 종주국인 태권도와 가장 잘하는 양궁을 합친 것이라고 할까요?

　　　웹툰의 세계가 열린 지 20여 년, 세계 여러 나라에서 웹툰이 제작되고 있고 한국의 뒤를 무섭게 쫓는 곳도 있습니다. 하지만 여전히 원탑은 '메이드 인 코리아'라고 합니다. 일본, 미국, 유럽 등의 웹툰 관계자들이 한국으로 연수를 올 정도로요. 실제로 한국의 웹툰 유료 이용자 수가 한국을 제외한 나머지 나라들의 웹툰 유료 이용자 수를 다 합친 것보다 많다고 하니, 한국이 웹툰의 중심인 것은 분명합니다.

　　　스크롤형 만화의 도입 외에 한국이 웹툰계에서 이룬 또 다른 혁신이 있습니다. 바로 유료 결제입니다. 완결된 작품이 아닌, 연재 중인 작품에 대해 비용을 지불하는 방식은 우리나라에서도 정착된 지 얼마 되지 않았습니다. 2010년대 중반에 처음 시도되었고, 코로나19와 함께 완전히 시장에 안착했죠. 다음 회차를 기다려서 무료

국내 웹툰 산업 규모 성장률

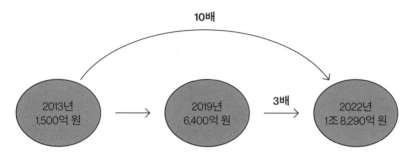

로 보기와 돈을 내고 지금 보기 중에서 후자를 택하는 사람들이 점차 늘어나고 있습니다. 웹툰 좀 즐긴다 하는 사람들은 자신의 취향과 욕구를 위해서라면 '쿠키(네이버웹툰의 사이버머니) 굽기'를 마다하지 않습니다. 물론, 이는 웹툰의 퀄리티가 뒷받침되었기 때문에 가능한 일입니다.

유료 결제가 대중화되면서 콘텐츠 시장에서 웹툰의 위상이 이전과는 달라졌습니다. 실제로 2020년 전후 웹툰 시장은 엄청난 성장세를 보입니다.

한국콘텐츠진흥원의 조사에 따르면, 2019년에 약 6,400억 원 규모였던 국내 웹툰 산업은 2022년 약 1조 8,290억 원으로 3배 가까이 커졌습니다. 10년 전인 2013년에 약 1,500억 원 규모였던 것에 비하면 무려 10배 이상 성장한 겁니다.

요즘 대세는 '회 · 빙 · 환'!
한계 없는 웹툰 스토리의 확장과 IP 잠재력

과금 제도의 도입 외에 웹툰 시장의 성장을 견인한 또 하나의 축이 있습니다. 웹툰 IP의 재생산입니다. 웹툰을 원작 삼아 영화, 드라마, 게임, 웹소설 등의 2차 저작물을 제작하는 것을 말하는데요. 2023년 넷플릭스에서 공개한 오리지널 한국 드라마 중 절반이 웹툰을 기반으로 만들어졌다는 통계가 그 인기와 가치를 보여주고 있죠.

　　웹툰 시장이 세계에서 가장 먼저 형성된 만큼 이를 IP 사업화하는 것도 한국이 빠를 수밖에 없습니다. 한국에서 웹툰이 원천소스로 각광받기 시작한 것은 2010년 무렵이에요. 잘된다 싶은 웹툰들은 너도나도 영상화가 되던 때가 있습니다. 하지만 그렇게 제작된 영화나 드라마가 모두 흥행하시는 않있죠. 10여 년 동안 다양한 방식으로 웹툰의 IP 확장이 이뤄져 왔고, 성공과 실패를 반복하며 경험이 쌓였습니다. 그러면서 국내 IP 업계는 특정한 문법과 제작 노하우를 터득합니다. 웹툰과 영상 산업이 함께 성장한 겁니다. 그런데 왜 유독 웹툰이 '원작'으로서 인기 있는 걸까요?

　　웹툰은 다른 콘텐츠에 비해, 특히 영상 매체에 비해 리스크가 적습니다. 여러 관계자가 얽혀 있고 예산도 많이 필요한 영상과 달리 웹툰은 대부분의 책임을 작가가 집니다. 이는 달리 말하면 작가가 좀 더 자유롭게 창작할 수 있다는 뜻이기도 합니다. 그래서 다른 매체에서 볼 수 없었던 신선한 시도가 가능하죠. 독자들 역시 이러한 새로움에 상당히 열려 있습니다. 때때로 비현실적이거나 비논리적이어도 '만화적 허용'으로 받아들이고 이야기 속으로 쉽게 빠져드는 겁니다.

　　요즘 웹툰계에서 '회·빙·환'이 대세인 것도 이와 관련이 깊습니다. 회·빙·환은 '회귀' '빙의' '환생'을 한꺼번에 일컫는 말입니다. 거의 치트키처럼 쓰일 정도로 뜨거운 핵심 소재들이죠. 최근 인기 있는 장르물 웹툰 중 열에 아홉은 주인공이 과거로 회귀하거나, 다른 사람의 몸에 빙의되거나, 죽었다가 다시 환생합니다.

　　그런데 회·빙·환의 인기는 단순히 재미 때문만은 아닙니다. 이 트렌드는 장르물에 대한 진입장벽을 확 낮춰줍니다. 과거의 무협이나 판타지 만화들은 독자의 인내심을 필요로 했습니다. 주인공의 성장 과정을 하나하나 지켜봐야 하거든요. 하지만 회·빙·환이란 장치가 추가되면서 그 모든 단계를 건너뛰어도 스토리의 개연성에 전혀 문제가 생기지 않게 된 겁니다. 복잡한 세계관이나 장르에 대한 이해가 없어도 쉽게 이야기에 빠져들게 되죠.

앞서 말했듯, 웹툰은 IP 잠재력이 뛰어납니다. 웹툰계의 회·빙·환 트렌드는 드라마, 영화로 재생산되어 콘텐츠 시장 전반으로 퍼져나갔어요. 이미 웹툰을 통해 회·빙·환에 익숙해진 사람들은 그 비현실성을 따지지 않습니다. 마니아들의 영역이었던 판타지물이 더 많은 대중에게 소비되고, 한국 콘텐츠 산업이 더욱 다채로워지는 데도 웹툰이 역할을 톡톡히 한 셈입니다.

스튜디오 시스템이 낳은 블록버스터형 웹툰

웹툰 산업이 커지면서 업계에 새로운 포지션이 생겼습니다. 흔히 스튜디오라고 부르는 CP(Content Provider)입니다. 개인 작가가 단독으로 또는 소수의 어시스턴트와 작업해서 플랫폼에 직접 전달하던 것과 달리 CP에서는 협업과 분업의 시스템 속에서 기획과 창작, 유통이 이뤄집니다. 메인 작가가 기획과 창작의 중심을 맡고, 스케치나 채색, 배경 작업 등은 각 담당자들이 나눠 작업하는 형태예요. 여기에 투자나 유통 관련 업무를 하는 직원들도 있고요.

최근 네이버웹툰이나 카카오웹툰에 들어가 보면 연재 중인 작품 중 스튜디오 웹툰이 차지하는 비중이 상당합니다. 웹툰 업계에서 CP사들의 입지가 점점 커지고 있다는 거죠. 이렇게 스튜디오 제작 방식이 성행하는 것은 극심한 퀄리티 경쟁 탓입니다. 웹툰 시장이 탄탄하게 구축된 만큼 웹툰을 소비하는 한국 독자들의 기준도 갈수록 까다로워지고 있거든요. 그 눈높이를 개인 작가 혼자서 맞추기에는 한계가 있습니다.

그림과 스토리 모두 우수하면서 소비자 취향에도 맞는 작품을 매주 1회 이상 생산해내야 하니 분업화라는 시스템이 갖춰졌습니다. 참여 인원이 많아지자 당연히 인건비를 비롯한 제작비가 늘어났고요. 이를 감당하려면 투자를 받아야 합니다. 실제로 웹툰 시장의 돈이 CP들로 향하고 있기도 합니다.

대표적인 CP사로는 와이랩과 디앤씨미디어가 있어요. 2023년 상장에 성공한 와이랩은 2021년 매출액 216억 원을 올렸는데, 이는 전년 대비 5배가량 늘어난 규모입니다. 2022년에도 298억 원의 매출로 상승세를 보였고요. 다만, 2023년 매출액과 영업이익이 다소 감소하였는데요. 이에 대해 와이랩은 영상 콘텐츠 제작 일정과 웹툰 연재 일정을 연기한 것이 영향을 미쳤다고 설명했어요. 상장사인 디앤씨미디어의 매출액은 2022년 612억 원, 2023년 604억 원으로 큰 변화는 없지만 높은 매출을 안정적으로 유지하는 모습입니다.

이 두 회사의 재무제표에는 공통된 특징이 있습니다. 급여와 지급수수료가 늘어나고 있는 겁니다. 즉, 사람을 더 많이 쓰고 있다는 이야기입니다. 뭐가 터질지 알 수 없는 콘텐츠 시장에서는 작품 수를 늘려야 성공률도 올라갑니다. 작품 수를 늘리려면 투입되는 작가 수가 늘어나야겠죠. 그래서 최근 두 회사는 흑자가 감소하거나

와이랩, 디앤씨미디어 재무제표 요약

구분	와이랩		디앤씨미디어	
	2022년	2023년	2022년	2023년
매출액	298억 원	194억 원	612억 원	604억 원
영업이익	-4억 원	-55억 원	59억 원	35억 원
영업이익률	-1.5%	-28.4%	9.6%	5.8%

적자가 증가하는 모습을 보여주고 있습니다.

이런 상황은 CP사를 비롯한 업계 관계자들에게 많은 고민을 안기고 있습니다. 작품 수를 늘리면서 들어가는 비용도 많아졌는데, 어떤 작품이 독자들의 선택을 받을지는 여전히 알 수 없거든요. 그래서 선택한 방법이 이른바 '안전빵' 작품 위주로 생산하는 겁니다. 인기 있는 웹소설을 원작으로 삼거나 요즘 대세인 회·빙·환을 활용하는 식입니다. 하지만 이 방식이 너무 남용되면서 이런 웹툰들에 대한 소비자들의 피로도가 높아지고 있어요. 비슷한 스타일을 두고 '양산형 웹툰'이라 칭하며 낮게 평가하기도 합니다.

이 시점에 최근 웹툰계에서 뜨거운 감자로 떠오른 이슈가 하나 있습니다. 바로 웹툰 창작에서의 AI 활용입니다. 작가들의 노동량이 심각하게 과도하고 회당 제작비가 오를 대로 올라버린 상황에서 AI가 적절한 대안이 되지 않겠느냐 하는 것인데요. 단순노동에 가까운 작업들을 AI에게 맡기거나 실존하지 않는 풍경 같은 것을 AI가 생성해내는 식입니다.

하지만 여기에는 중대한 우려도 있습니다. AI가 어떤 작업을 하기 위해서는 수많은 데이터를 학습해야 합니다. 웹툰 분야에서는 이미지 데이터를 학습시켜야 할 거고요. 온라인상에 존재하는 이미지들은 대부분 저작권이 있는 상황인데요. AI가 어떤 이미지를 어떻게 활용해서 새로운 이미지를 생성해냈는지 알 수 없으니 그 저작권에 대한 정당한 대가를 지불할 수 없죠. 이를 어떻게 해결할 것인지가 큰 숙제로 남아 있는 상태입니다. 퀄리티와 다양성에 대한 소비자들의 요구에 CP들이 어떻게 대응할지 지켜볼 필요가 있겠습니다.

웹툰 플랫폼계의 두 공룡, 현시점 승자는 누구?

현재 한국 웹툰 시장에는 네이버웹툰과 카카오웹툰이라는 두 개의 대형 플랫폼이 존재합니다. 두 플랫폼은 웹툰 시장 초창기인 2000

넌대 초반 포털 사이트의 하위 서비스로서 출발했다는 공통점이 있습니다. 카카오웹툰의 전신인 다음웹툰이 2004년 '웹툰계의 조상' 강풀 작가의 〈순정만화〉로 인기몰이를 하며 먼저 기반을 다졌고, 이에 질세라 네이버웹툰에서도 조석 작가의 〈마음의 소리〉가 대박을 터뜨리며 1세대 스타 작가를 중심으로 한 경쟁이 시작됐죠.

　　　이후 20년 동안 두 플랫폼은 서로를 벤치마킹하기도 하고 차별화를 시도하기도 하며 치열한 전쟁을 치르고 있습니다. 대표적으로 비즈니스 모델이 다릅니다. 네이버웹툰은 대부분의 연재 작품을 무료로 감상할 수 있습니다. 아직 공개되지 않은 '미리보기' 분량과 이미 완결된 작품만 유료로 보게 되죠. 카카오웹툰은 '기다무', 즉 '기다리면 무료' 방식을 운영하고 있습니다. 24시간에 한 편씩 무료로 볼 수 있고, 만약 기다리고 싶지 않다면 비용을 지불하는 겁니다.

출처: 네이버, 카카오 IR 자료
■ 네이버웹툰
■ 카카오웹툰

네이버웹툰, 카카오웹툰 분기별 매출액 비교

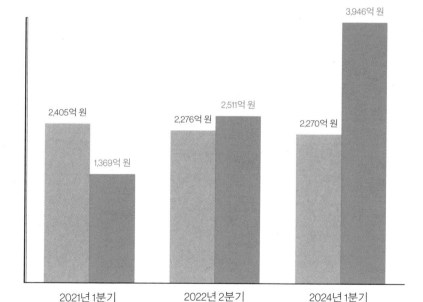

최근에는 세 시간에 한 편씩 무료 공개되는 '3다무'도 도입했습니다. 이러한 전략의 차이는 현재 어떤 결과를 낳고 있을까요?

두 플랫폼의 분기별 IR(Investor Relations) 자료를 바탕으로 유추해보면, 네이버웹툰은 2021년부터 2023년 사이에 가파른 성장세를 보입니다. 2021년 1분기에 1,369억 원이었던 매출액이 2024년 1분기에는 3,946억 원으로 2배 이상 뛰었습니다. 카카오웹툰은 이와 상반됩니다. 2021년 1분기 카카오스토리(웹툰+웹소설)의 매출액은 동기의 네이버웹툰보다 많은 2,405억 원이었습니다. 하지만 2024년 1분기에는 2,270억 원으로 오히려 역성장하죠.

이렇게 판이 뒤집힌 상황에 관해 업계에서는 여러 가지 이유를 들고 있습니다. 우선, 카카오웹툰이 강점을 지녔던 블록버스터형 웹툰을 네이버웹툰도 적극적으로 들이면서 독자들을 유입시키는 힘을 많이 잃었습니다. 원래 네이버는 개인 작가들과 그들의 작품을 하나하나 직접 관리하며 오리지널리티와 다양성을 추구하는 경향이 있었습니다. 카카오웹툰은 CP를 통해 스튜디오에서 제작된 고퀄리티에 대중성 강한 작품을 많이 공급받는 편이었고요. 이것이 '기다무'와 맞물려 높은 매출로 이어졌던 것인데, 이 부분의 차별점이 사라지니 매출도 떨어질 수밖에요.

네이버웹툰이 크게 성장한 또 다른 배경으로는 해외시장에서의 선전도 있습니다. 2016년 미국 법인 설립을 시작으로 해외시장에 적극적으로 나선 네이버웹툰은 현재 전 세계 150여 개 국가에서 서비스되고 있습니다. 특히 일본에서의 매출액이 빠르게 늘어나는 추세라고 합니다. 이에 비해 카카오웹툰은 미국 시장에 크게 투자했는데, 아직 실적을 내기는 이르다고 전문가들은 분석하고 있어요.

카카오웹툰의 역성장에는 엔데믹도 한몫했습니다. 웹툰 시장이 '코로나 버프'를 받아 2020년 전후로 크게 성장한 만큼 코로나

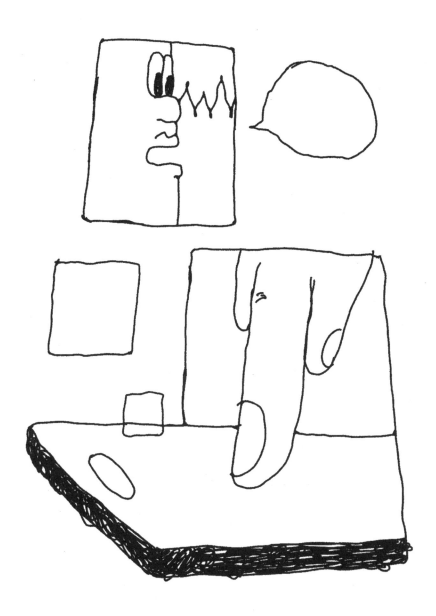

사태가 진정되자 전체 매출 자체가 많이 줄었는데요. 이때 남성 독자들이 주된 소비층인 무협, 현대/중세 판타지 분야는 매출이 크게 빠지지 않았습니다. 가장 큰 타격을 입은 분야는 여성 독자 위주로 움직이던 로맨스 판타지였죠. 그런데 카카오웹툰이 전통적으로 강한 분야가 바로 로맨스 판타지입니다.

이런저런 상황들이 겹친 결과, 현재 한국 웹툰 시장은 네이버웹툰이 주도하는 것으로 보입니다. 하지만 그렇다고 해서 카카오웹툰의 미래가 무조건 어둡다는 건 아니에요. 기본적으로 웹툰 비즈니스의 확장 가능성은 무궁무진하기 때문입니다. 앞서 여러 차례 밝혔듯, 지금까지의 웹툰 시장은 한국이 메인입니다. 달리 말하면 이제 세계시장으로 나아갈 차례라는 이야기이기도 합니다. 이미 웹툰 시장이 어느 정도 형성된 미국과 일본 외에 북미, 유럽, 동남아시아 등으로 뻗어나갈 수 있죠. 한국 웹툰의 다음 도약이 기대되는 이유입니다.

SPECIALIST's TALK
강력한 팬덤 위에 세워진 중소 웹툰 플랫폼

우리 웹툰 시장에 네이버와 카카오만 있는 것은 아닙니다. 중소 규모의 플랫폼들도 많습니다. 가장 잘 알려진 곳으로는 레진코믹스가 있고 리디, 봄툰, 탑툰 등이 시장을 이루고 있죠. 이들의 특징은 하나의 장르에 집중해서 완전히 마니악한 타깃을 노린다는 겁니다.

이들 플랫폼의 이용자들은 그 숫자가 아주 많진 않지만 대부분이 돈을 냅니다. 마니악한 만큼 단단한 팬덤을 형성하고 있어 비용 지불의 허들이 낮아요. 실제로 중소 플랫폼에서 인기 있는 작가들은 굉장히 많은 수익을 올리고 있습니다.

레진코믹스, 봄툰 등 다수의 웹툰 플랫폼을 운영하는 키다리스튜디오는 2021년에는 1,190억 원, 2022년에는 1,690억 원으로 적지 않은 매출을 기록했습니다. 2023년에는 국내 매출이 좀 줄었지만, 해외 매출이 늘었습니다. 업계에서는 국내에서 코어한 장르적 기반을 다진 중소 플랫폼들이 해외시장에 잘 안착한다면 좋은 반응을 얻을 것이라 주목하고 있습니다.

B주류 추천

〈별을 품은 소드마스터〉　　　　　　　　　　　　　　　이재용 회계사 추천

요즘 가장 재밌게 보는 네이버웹툰입니다. 동명의 웹소설을 원작으로 하는 중세 판타지물로, '드디어 양산형 웹툰계에서 찐 중세 판타지가 나왔다!'라는 평가를 받고 있어요. 잘 짜인 세계관에 높은 캐릭터 몰입도, 뛰어난 작화 퀄리티를 자랑합니다. 연재 중인 작품이라 지금까지의 연재 분량이 오픈되어 있다는 것도 장점이고요.

〈나 혼자만 레벨업〉　　　　　　　　　　　　　　『B주류경제학』 편집자 추천

우리나라뿐 아니라 미국, 일본, 중국 등에서도 흥행에 성공한 카카오웹툰이에요. 글로벌 누적 조회 수 143억 뷰에 빛나는 명작이죠. 동명의 웹소설을 원작으로 2018년부터 웹툰 연재를 시작했는데요. 본편이 완결된 후에도 이어진 뜨거운 인기에 힘입어 2023년 4월 스핀오프를 론칭하기도 했어요. 본편만 약 180회에 달하는지라 이를 '기다리면 무료'로 보긴 아무래도 쉽진 않겠지만, 그만한 가치가 있는 작품인 건 확실합니다.

글로벌 시장으로의 퀀텀 점프 대성공! 그다음은?

현재 글로벌 시장에 'K'를 말한다면 그 선두는 당연히 K-팝입니다.
빌보드를 비롯한 해외 여러 음악 차트에서 한국 가수들의
이름을 발견하는 일이 더 이상 낯설지 않습니다.
2012년 싸이의 〈강남스타일〉에 이어 2020년 BTS의
〈Dynamite〉로 두 번째 퀀텀 점프를 이룬 한국 대중음악 산업은
이전과는 전혀 다른 모습으로 진화하고 있습니다.
그 숨 가쁜 변화의 현장을 들여다봅니다.

국내 원탑 음악 플랫폼 멜론을 밀어낸 유튜브와 틱톡!

2010년대 중후반까지만 해도 한국 대중음악계의 대세를 보여주는 바로미터는 '멜론 탑100'이었습니다. 방송인 유재석 씨가 "나는 '탑100 귀'야"라며 자신의 음악 취향이 대중적이라고 소개했을 정도로요. 그런데 지금은 멜론 탑100의 영향력이 예전만 못한 모습입니다.

이는 여러 가지 상황들이 맞물린 결과인데요. 먼저, 거듭된 음원 사재기 논란으로 차트의 신뢰성을 크게 잃었습니다. 여기에 음악 엔터테인먼트 분야에서 팬덤 문화가 갈수록 강력해지며 특정 가수들이 오랜 시간 차트 상위권을 독식하는 일이 잦아진 탓도 있습니다. 다양성을 상실한 거죠. K-팝이 글로벌 시장에서 승승장구하면서 국내 차트로는 인기를 체감할 수 없는 단계에 이른 것도 한몫했습니다. 빌보드 정도는 언급되어야 인기가 실감된달까요?

멜론이 주춤하면서 떠오른 것은 다름 아닌 유튜브입니다. 유튜브가 음악 시장까지 점유하게 된 것은 상당히 의미가 큽니다. 그 중심에 '추천 플레이리스트'가 있기 때문입니다. '비 오는 날 카페에서 듣기 좋은 음악 플레이리스트'나 '90년대 한국 발라드에 취하고 싶을 때를 위한 플레이리스트'처럼 상황과 취향을 설정해 음악을 선곡해주는 플레이리스트는 음악을 소비하는 새로운 방식으로 자리 잡았습니다.

결국 차트 중심의 음악 산업이 흔들리게 된 건 취향이 파편화되고 개성이 강조되는 시대적 흐름과 맞닿아 있습니다. 실제로 요즘 10대들은 탑100 같은 순위권 음악이 고루하다고 생각하는 경향을 보인다고 하죠. 영미권에서 주로 사용되던 스포티파이를 한국에서 많이 쓰게 된 것도 플레이리스트 추천 알고리즘에 특화된 플랫폼이기 때문으로 분석할 수 있어요.

그리고 예상치 못한 플레이어가 음악 산업에 등장했습니다. 요즘 대중음악계에서 절대적인 영향력을 떨치고 있는 틱톡입니다.

숏폼 콘텐츠에 사용된 음악이 밈을 형성하며 인기를 얻는 경우가 확연히 늘어나고 있습니다.

음악 엔터 시장에서 틱톡의 선전은 음악 홍보 방식을 바꿔놓았습니다. 노래나 춤의 핵심 부분만 짧게 선보이며 따라 하기를 유도하는 '챌린지'는 장르를 가리지 않고 신곡 홍보의 필수 코스가 된 지 오래입니다. 나아가 음악을 제작하는 단계에서부터 틱톡에 올라갈 것을 염두에 두기도 하는데요. 이처럼 틱톡 유행을 적극적으로 활용하려는 움직임을 두고 일각에서는 우려를 표해요. 가수, 작곡가, 작사가, 연주자 등 여러 아티스트가 피땀 흘려 만든 창작물이 짧고 가볍게만 소비되는 것이 마냥 바람직하지는 않으니까요.

그런데 멜론은 정말 무너지고 있을까요? 겉보기에는 점유율 면에서 유튜브뮤직에 많이 밀린 것처럼 보이지만, 사실 요즘 음악 감상 플랫폼 시장에서 점유율은 의미가 크지 않습니다. 유튜브뮤직 외에 스포티파이, 애플뮤직, 지니뮤직, 바이브 등 다양한 플랫폼들이 공존하기도 하고, 이들을 중복으로 이용하는 경우도 많기 때문이에요.

전문가들은 점유율보다는 유료 이용자 수를 따지는 것이 더 적절하다고 봅니다. 2022년 멜론의 유료 이용자 수는 약 500만 명으로 2017년 대비 50만 명가량 늘었습니다. 매출도 증가했고요. 즉, 유튜브뮤직을 듣는다고 멜론 구독을 해지하지는 않는다는 이야기입니다. 또, 트로트나 발라드처럼 글로벌 시장이 아닌 한국 시장만을 노리는 장르에서는 차트의 영향력이 건재하기도 해요. 시대와 시장이 변하면서 멜론이 뒤처지기는 했지만 변화에 발맞춰 앞으로 어떤 전략을 펼치느냐에 따라 반등의 기회를 움켜쥘지도 몰라요.

팬덤의 충성도 이상의 의미를 가지는 '음반 초동 판매량'

차트의 영향력이 약해지면서 음악 엔터 산업에서 흥미로운 현상이 목격됐습니다. 음반 판매량이 다시금 주목받기 시작한 건데요. 그중에서도 발매 후 일주일간의 판매량을 일컫는 '초동' 판매량이 중요해졌습니다. 특히 아이돌 팬덤 사이에서 인기의 척도로 여겨지며 경쟁적인 음반 구매가 이뤄지고 있습니다.

디지털 시대에 피지컬 음반이 다시 부상하다니 아이러니한 일입니다. 이는 숫자로도 확연히 드러납니다. 2020년에 약 4,000만 장이었던 우리나라의 연간 음반 판매량은 해마다 2,000만 장씩 쑥쑥 늘면서 지난 2023년에는 1억 장을 돌파했습니다. 2010년대 초반에만 해도 10만 장이 되지 않았는데 말입니다.

디지털 음원이 대중화되기 전인 2000년대 초반까지의 음반은 '듣기 위한' 수단이었습니다. 반면 오늘날의 음반은 '소장하기 위한' 기념품에 가깝습니다. 음악은 음원으로 즐기니까요. 이는 국내 팬덤의 디깅 수준이 상당히 깊어졌음을 가리킵니다. 좋아하는 가수의 음악을 듣는 데서 멈추지 않고 음반, 공연, 굿즈 등 모든 상품을 구매할 의향과 의지가 강력해졌죠.

요즘 음반 판매에서 눈길을 끄는 또 다른 지점은 초동 판매량과 전체 판매량 사이에 큰 차이가 나지 않는다는 겁니다. 아이돌 음반의 경우에는 이 특징이 더욱 두드러지고요. 이는 어떤 음반을 산 사람들 중 대다수는 그것이 발매되길 기다리고 있었다는 것을 뜻합니다. 따라서 음반 판매량은 곧 '진성 팬덤'의 규모를 측정하기에 좋은 지표가 됩니다.

이러한 흐름은 음악 엔터사의 매출에도 반영되고 있습니다. 현재 한국 음악 엔터계의 빅4인 하이브·SM(카카오)·JYP·YG의 최근 재무제표를 살펴보면 음반 판매가 전체 매출의 30%가량을 차지한다는 공통점이 보입니다. 만일 여기서 음반 판매가 전년 대비 증가했다면 그만큼 팬덤이 강화되었다는 뜻이므로 나머지 70%의 매출(공연, 굿즈 등)도 이에 비례해 증가할 것이라고 예측할 수 있죠. 만약 어느 아이돌 그룹의 신규 음반 초동 판매량이 이전 대비 크게 늘었다면 어떻게 될까요? 그 아이돌 그룹이 소속된 엔터사의 주가가 오르겠죠.

음반 판매가 팬덤의 지표가 되면서 드러난 부작용도 있는데요. 앨범을 구입하지 않으면 아예 팬덤에서 소외되는 경향이 커지고 있습니다. 앨범을 사야만 콘서트 예매 우선권이나 랜선 팬사인회 응모권을 얻을 수 있죠. 이를 두고 시장과 팬덤 내에서도 자정 노력이 필요하다는 목소리가 나오고 있습니다.

요즘 음악 엔터사들은 어떻게 돈을 벌고 있나

역동적으로 변화하고 있는 음악 엔터테인먼트 시장에서 실제 플레이어인 엔터사들은 어떻게 운영되고 있을까요? 음악 엔터계 빅4 기업을 중심으로 시장 상황을 좀 더 자세히 살펴볼게요.

과거 음악 엔터사의 매출은 공연 위주로 구성됐습니다. 그러나 코로나 바이러스와 함께 공연계는 유례없는 빙하기를 맞았죠. 이를 기점으로 음악 산업은 음반 중심으로 흘러가기 시작했습니다. 현재 빅4 기업들의 전반적인 재무구조를 보면 음반이 이끌어가는 가운데 굿즈나 온라인 콘텐츠 등 콘텐츠 분야의 매출이 강화되는 추세입니다.

이러한 기조는 앞으로도 계속될 전망이에요. 엔터사의 입장에서 공연은 한계가 분명한 사업입니다. 매일 공연을 할 수도 없고, 한다 해도 공간이 제한되어 있어 판매량이 정해져 있기 때문이죠.

사업 분야가 아닌 각각의 기업들을 보자면, 상장에 성공하며 거대 자본을 유치한 하이브도 있고 카카오에 경영권이 인수된 SM도 있지만 가장 인상적인 것은 뜻밖에도 JYP입니다. 큰 이슈가 없어 보이는 JYP가 주식시장에서는 조용히 강세를 이어가고 있거든요.

JYP의 주가는 10년 사이 10배가 올랐습니다. 같은 기간 YG의 주가는 제자리인 것과 비교하면 괄목할 성과입니다. 매출액도 계속 오르는 중이고요. 그도 그럴 것이 JYP는 안정적이고 건강한 포트폴리오를 가지고 있습니다. 걸그룹도 빠지지 않지만, 2PM-갓세븐-스트레이키즈로 이어지는 보이그룹의 계보가 상당히 탄탄합니다.

최근 아이돌 시장의 독특한 점은 대중성과 화제성은 걸그룹이 좋아도 수익성은 보이그룹이 더 높다는 겁니다. 국내 시장보다 해외에서 더 막강한 인기를 끌고 있는 스트레이키즈의 경우 2023년 6월에 발매된 정규 3집 앨범의 초동 판매량이 약 461만 장이고, 같은 해 7월에 발매된 뉴진스 EP 2집의 초동 판매량은 약 165만 장인 것에서도 이 점이 분명히 드러납니다.

스트레이키즈의 선전은 JYP의 매출에 즉각적인 영향을 주었습니다. JYP의 연결매출액은 2020년 1,444억 원에서 2023년 5,665억 원으로 크게 증가했습니다. 스트레이키즈뿐 아니라 대체로 보이그룹이 걸그룹에 비해 2~3배 정도 큰 재무적 성과를 보이는데요. 이는 보이그룹의 대중성이 줄어드는 대신 오히려 마니악해지면서 팬덤이 단단해진 결과로 해석됩니다.

그런데 최근 JYP의 성장세에 빨간불이 들어왔습니다. 스트레이키즈, 트와이스 등 주력 라인업의 활약은 여전하지만 이를 이어갈 다음 세대의 성적은 다소 아쉬운 상황이에요. 탄탄한 아이돌 포트폴리오가 강점인 JPY는 이 문제를 어떻게 돌파하느냐에 따라 또다른 기회를 잡게 될지도 몰라요.

뒤바뀐 엔터계의 판, 그 중심에는 레이블이 있다

한편으로는, 음악 엔터사들의 시스템적 변화도 일어나고 있습니다. 가장 큰 변화는 '멀티 레이블' 체제의 전환입니다. 멀티 레이블이란 특정 기획사를 모기업으로 두고 그 산하에 여러 레이블이 운영되는 형태를 일컫습니다. 레이블은 일반적인 계열사라고 보기에는 독립성과 개성이 뚜렷하다는 특징이 있죠. 미국 음악 시장에서는 이미 보편화된 시스템으로, 국내에는 상대적으로 늦게 유입된 편입니다.

멀티 레이블을 적용했을 때의 장점은 기획사의 전반적인 스타일에 국한되지 않고 다양성을 추구할 수 있다는 거예요. 레이블별로 색깔이 분명해지니 팬덤도 이를 따라 분류됩니다. 비슷한 팬덤이 모이니 기업의 입장에서는 타깃 맞춤형 프로젝트를 진행하기가 훨씬 용이해지고요. 그래서 레이블을 향한 팬덤이 형성되는 경우도 있습니다.

사실, 기업적으로 멀티 레이블 시스템은 당연한 구조입니다. 음악 엔터테인먼트는 영화나 게임과 같은 흥행 사업, 즉 하이 리스크-하이 리턴의 사업입니다. 때문에 계란을 한 바구니에 담는 것이 무척 위험해요. 포트폴리오를 다변화해야만 리스크를 상쇄할 수 있습니다.

그동안 한국의 음악 엔터계는 SM·JYP·YG의 3강 구도를 지나치게 오래 유지해왔습니다. 서로 견제하면서 균형을 이루기는 했지만, 시장 규모 자체가 애매하다 보니 어느 한 회사가 치고 올라가기는 어려웠죠.

그런데 하이브(빅히트)가 등장하고 상장까지 이루면서 마침내 오래된 구도를 깨뜨렸어요. 여기에 카카오까지 뛰어들며 새로운 대국이 펼쳐지고 있습니다. 이는 결국 한국 대중음악이 글로벌화되면서 시장이 빠르게 커진 결과입니다.

시장이 작을 때는 3대 기획사가 각자 자사의 모기업이자 단일한 레이블처럼 운영되어도 괜찮았습니다. 하지만 시장이 커지자 그렇게는 더 이상 감당할 수 없어진 거죠. 이러한 변화에 가장 크게 기여한 것은 하이브입니다.

2016년의 매출액이 352억 원이었던 하이브는 짧은 기간에 드라마틱한 매출 성장을 겪었습니다. 2023년의 연결매출은 무려 약

2조 1,781억 원으로, 엔터사 최초로 2조 원을 넘겼습니다. 이러한 성과에는 당연히 BTS의 영향이 막대했습니다. 2017년에 BTS가 빌보드 톱소셜아티스트상을 수상하고 글로벌 인기가 수직 상승하면서 하이브의 매출도 급속도로 뛰었습니다.

이후 하이브는 2020년에 주식시장에 상장하면서 약 1조 원의 자금을 마련했습니다. 그 자금으로 탄탄한 중견 엔터사와 해외 법인 등을 인수했습니다. 세븐틴이 소속된 플레디스엔터테인먼트가 대표적이죠. 하이브는 플레디스엔터테인먼트를 자사로 흡수하는 대신 레이블 형태로 운영하는 방식을 택했습니다. 더불어 뉴진스를 만든 어도어와 르세라핌을 키워낸 쏘스뮤직도 산하 레이블로 두고 있고요. 레이블 체제를 본격화하면서 BTS에 대한 매출 의존도를 낮추

하이브 실적 변화

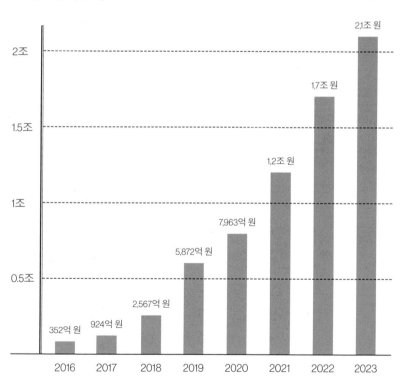

고 아티스트 풀을 확장하려는 모습입니다.

　　그리고 이러한 멀티 레이블 구도에 혜성같이 등장한 기업이 카카오엔터테인먼트(이하 카카오)입니다. 스타쉽엔터테인먼트, 안테나뮤직 등을 소유한 카카오는 2023년 3월 SM엔터테인먼트를 인수하며 엔터계에 큰 영향력을 발휘할 수 있게 되었습니다. 이처럼 지금 음악 엔터계는 판을 다시 짜고 있습니다. 2강(하이브 vs. 카카오)과 2중(JYP vs. YG)이 팽팽히 맞서고 있고, 유망한 중소기업들이 함께 시장을 형성하고 있어요.

　　하지만 이 판이 얼마나 오래 이어질지는 알 수 없습니다. 만약 2중이 작지만 알찬 회사들을 인수하는 등의 전략으로 다시 역전을 꾀한다면 언제든 뒤집어질 수 있죠. 혹은 완전히 새로운 경쟁자가 나타날지도 모릅니다. 한국 대중음악 시장은 어떻게, 또 어디까지 나아가게 될까요?

SPECIALIST's TALK
대중성과 서사, 아이돌 그룹에게 더 중요한 것은?

K-팝이 글로벌화될수록 음악과 콘텐츠의 대중성이 강조되고 있습니다. 난해하고 독특한 것보다는 메시지가 선명하고 즐기기 편한 음악이 세계시장에서 두루 먹히기 때문입니다. 대표적인 것이 BTS의 〈Dynamite〉, 〈Butter〉죠. 최근 일본에 성공적으로 진출한 뉴진스의 음악들도 그렇고요.

　　하지만 동시에 아이돌에게는 서사도 중요합니다. 어떤 사연을 가진 멤버들이 왜 모였는지, 그들이 어떤 노력을 거쳐 데뷔까지 했는지, 또 어떤 목표를 향해 어떻게 나아가고 있는지, 그 과정에서 얼마나 성장했는지 등의 스토리는 팬덤을 굳건하게 하거든요. 아이돌의 성공에 있어 팬덤과의 끈끈한 유대는 절대 무시할 수 없습니다. BTS에게 고생했던 시절의 이야기가 없었다면, 그것이 팬들과 공유되지 않았다면 과연 오늘날의 자리에 오를 수 있었을까요? 요즘 아이돌 시장에서 세계관이 필수인 것도 비슷한 맥락에서 이해할 수 있습니다.

　　대중성과 서사, 둘 중 아이돌에게 더 중요한 건 뭘까요? 둘 다 정말 필요하긴 하지만, 단단한 국내 팬덤이 없다면 해외 진출 자체가 쉽지 않을 겁니다. 어느 콘텐츠에서나 서사, 즉 내러티브(narrative)의 힘은 막강합니다. 아이돌 역시 굉장한 콘텐츠고요. 그런 면에서는 서사의 중요성에 무게를 더 두어야 할 것 같습니다.

B주류 추천

스포티파이
유튜버 우키팝 추천

스포티파이는 말하자면 테이스트 메이커입니다. 플레이리스트 에디팅 능력이 탁월하죠. 그 자체로 트렌드가 되기도 하고요. 추천 알고리즘이 매우 정교한 것으로도 유명합니다. 나의 음악 취향을 아직 모르겠다면 스포티파이에서 찾아볼 수 있을 거예요.

애플뮤직
『B주류경제학』편집자 추천

애플뮤직은 음원 스트리밍 플랫폼들 중에서도 전통적이고 보수적인 스타일을 지향합니다. '앨범'에 중점을 두거든요. 여전히 앨범들을 서비스 상단에 노출시키고, 대부분의 앨범에 아티스트 인터뷰와 에디터 노트를 함께 제공합니다. 어떤 앨범이나 아티스트를 보다 깊이 있게 파고들고 싶다면 애플뮤직을 추천합니다.

팝업스토어, 주류 브랜드로 올라서는 관문이 되다

짧은 기간 동안 한정적으로 운영되는 오프라인 매장,
팝업스토어는 오늘날 신규 브랜드나 신상품을
알리는 효과적인 방법으로 자리 잡았습니다.
예전에는 온라인 중심의 브랜드들이 오프라인에서 고객을 만나기
위해 주로 활용했지만, 이제는 대기업의 팝업스토어도 흔하게
볼 수 있죠. 새롭고 특별한 것을 원하는 젊은 세대들의 취향과 선호를
파악하는 데 팝업만큼 적절하고 즉각적인 수단도 없습니다.
그런데 최근, 팝업 시장의 흐름이 달라졌습니다.

팝업의 성지가 된 백화점, 더현대서울의 비하인드 스토리

그동안 팝업의 중심지라면 홍대, 한남동, 성수동 등 누가 봐도 젊고 '힙'한 동네였습니다. 이런 팝업계에 파란을 몰고 온 것은 다름 아닌 더현대서울, 백화점입니다. 백화점은 다양한 판매 채널들 사이에서 기복 없이 안정적이고, 그래서 조금은 재미없고 올드한 이미지가 있었는데요. 그런 백화점과 새로움의 최전선에 있는 팝업스토어의 만남이 이뤄진 겁니다.

더현대서울은 등장부터 업계에 놀라움을 안긴 곳입니다. 여의도 한복판에 백화점이라니, 우려의 시선을 받는 것이 당연할 정도로 과감한 선택이었습니다. 일반적으로 백화점이 입점하려면 해당 입지의 1차 상권(반경 5킬로미터 이내)에 10만~20만 명의 인구가 거주해야 합니다. 그런데 더현대서울의 경우 1차 상권의 거주 인구가 3만 3,000명 정도밖에 되지 않습니다. 게다가 다리를 건너야만 닿을 수 있고, 오피스 일색에 국회까지 떡 하니 자리하고 있어 주말 유동 인구가 서울 내 다른 지역에 비해 현저히 적습니다. 그렇다면 현대백화점은 왜 이곳을 새로운 사업지로 택한 걸까요?

비밀은 '입지의 빈틈'에 있었습니다. 단점으로 여겨지던 여의도의 특성을 조금 더 자세히 들여다보니 의외의 장점이 보인 겁니다. 상권의 기준을 반경 15킬로미터로 넓히자 거주 인구가 3만 명에서 500만 명으로 확 늘었습니다. 마포, 목동, 영등포 일대를 모두 커버하는 어마어마한 시장이 존재했죠. 다리를 건너야만 닿을 수 있다는 위치의 불리함은 '다리만 건너면 바로 닿을 수 있다'로 역전됐습니다. 주말 유동 인구가 적다는 점은 거꾸로 주말에 외부 사람들이 들어올 여유가 충분하다는 의미로 해석할 수 있었고요.

현대백화점은 이렇게 여의도에서 새로운 가능성을 발견합니다. 그런데 문제가 하나 있었습니다. 타깃이 된 마포, 목동, 영등포에는 이미 빅3 백화점(롯데·신세계·현대)이 입점해 있다는 거였죠.

이 문제를 해결할 타개책은 분명했습니다. 사람들이 기존 백화점이 아닌 더현대서울을 선택하게 할 새로운 유인 요소를 갖추는 겁니다.

하지만 백화점의 특성상 검증되지 않은 브랜드를 무작정 입점시키기는 어렵습니다. 백화점에 입점했을 때의 성과가 보장되지 않을뿐더러 새로운 브랜드를 들이려고 꾸준한 고객층을 보유한 기존 브랜드를 내보낼 수도 없으니까요. 그런 상황에서 더현대서울이 팝업스토어라는 과감한 선택을 한 것은 어찌 보면 필연적이었습니다.

대박 난 팝업은 무엇이 달랐을까?
슬램덩크·데못죽·아이앱스튜디오

그 선택은 굉장한 결과를 낳았습니다. 더현대서울의 팝업스토어 소식은 요즘 SNS에서 가장 뜨거운 이슈 중 하나입니다. 유독 기대받는 팝업스토어가 열리는 날이면 그 전날 밤부터 대기 줄이 생길 정도에요. 구체적으로 얼마나 인기가 있었고 어떤 성과를 냈는지, 일명 '대박 팝업' 사례들을 통해 살펴볼게요.

첫 번째 대박 팝업은, 가장 크게 화제가 됐고 사회적 현상까지 일으켰던 '슬램덩크 팝업'입니다. 2023년 1월, 만화 『슬램덩크』의 극장판 〈더 퍼스트 슬램덩크〉가 국내에 개봉하면서 전국의 3040 남성들을 영화관으로 불러 모았습니다. 아들과 아빠가 함께 보는 영화로 불리며 380만 명이 넘는 관객을 동원하고 국내 개봉된 일본 애니메이션 영화 중 흥행 1위를 기록하기도 했죠. 그리고 그 인기가 끓어오르던 1월 말에 슬램덩크 팝업스토어가 열렸습니다.

반응은 폭발적이었습니다. 밤샘 웨이팅은 기본, 'n차' 방문도 거듭되었고 매장 오픈 전에 모인 사람들의 줄이 여의도역까지 늘어선 진풍경까지 벌어졌죠. 그 결과 슬램덩크 팝업은 약 2주 동안 9억 7,800만 원이라는 엄청난 매출을 기록했습니다. 이어서 진행된 더현대대구 팝업 역시 열흘간 7,000명의 사람들이 몰리며 5억 원이 넘는 매출을 올렸고요.

이를 두고 잘 모르는 이는 영화의 흥행 기세를 놓치지 않고 잘 잡았다고 평가하기도 하지만, 실제 팝업은 영화의 개봉보다 훨씬 앞선 10개월 전부터 기획되었다고 합니다. 슬램덩크라는 콘텐츠에 대한 잠재된 니즈를 미리 파악하고 한발 앞서 움직인 덕분에 가능했던 성공이라는 이야기입니다.

두 번째는 '데못죽 팝업'입니다. '데못죽'이 뭔지 들어본 적이 없는 분도 있을 거예요. 데못죽은 〈데뷔 못하면 죽는 병 걸림〉이라는 웹툰을 가리킵니다. 동명의 웹소설을 원작으로 하는 작품으로, 공시생인 주인공이 과거로 회귀하며 다른 인물에 빙의되어 깨어나는데 말 그대로 '데뷔 못하면 죽는 병'에 걸려 무조건 아이돌로 데뷔해야만 하는 과정을 그립니다.

데못죽의 인기는 상상 이상입니다. '활자 아이돌' '2D 아이돌'로 불리며 막강한 팬덤을 갖추었고, 2023년 11월 기준으로 웹툰과 웹소설을 합쳐 누적 조회 수는 5억 4,000만 회가 넘습니다. 그리고 이 대단한 인기는 백화점과 웹툰의 독특한 컬래버레이션으로까지 이어졌습니다. 2023년 5월에 약 2주간 진행된 더현대서울의 데못죽 팝업에는 1만 5,000명의 인파가 몰렸고, 1인당 평균 구매 금액이 50만 원에 달했습니다. 특히 팝업 첫날에는 매장 오픈 전부터 2,000명 이상의 대기자가 모였는데, 이는 슬램덩크 팝업의 첫날 '오픈런' 대기자 수의 2배를 훌쩍 뛰어넘는 수준이었습니다.

웹툰이나 웹소설 같은 온라인 기반 콘텐츠를 오프라인 팝업스토어로 끌고 온 시도는 신선하고도 모험적이었습니다. 이런 의외성은 팝업스토어에 대한 사람들의 관심을 더욱 증폭시켰습니다. 다음에는 어떤 팝업이 열릴지, 혹시 내가 좋아하는 무언가는 아닐지 궁금해지니까요. 무엇보다, 슬램덩크의 주요 타깃은 3040 남성이고 데못죽은 1020 여성입니다. 두 팝업을 통해 백화점의 메인 고객층

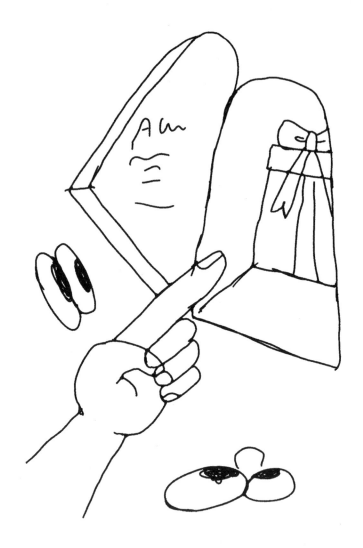

이 아니었던 남성과 10대들을 유입시키는 큰 성과를 얻은 겁니다.

　　마지막 대박 팝업은 '아이앱스튜디오 팝업'입니다. 영패션 분
야에서는 워낙 핫한 팝업이 많았던 만큼 하나만 꼽기가 쉽지 않았는
데요. 아이앱스튜디오 팝업은 더현대서울을 오픈하기 전부터 설득
에 공을 들여 무려 5년에 걸친 부단한 노력으로 성사된 프로젝트라

는 점에서 의미가 깊습니다.

아이앱스튜디오는 래퍼 빈지노가 만든 아트디렉팅 크루로, 2017년부터 의류 제품도 생산하고 있습니다. 아이앱스튜디오는 오프라인에서 만나기가 쉽지 않은 걸로 유명합니다. 일부 컬래버레이션 제품 외에는 대부분 온라인으로 판매하고, 그마저도 사전 예약이나 응모 방식으로 신행하는 경우가 많습니다. 즉, 브랜드의 희소성이 높습니다.

평소에도 오프라인 팝업을 거의 하지 않는 아이앱스튜디오가 백화점 팝업에 쉽게 응했을 리 없죠. 이미지나 타깃 등의 측면에서 브랜드와 잘 맞지 않는다고 판단했을 겁니다. 그래서 5년이라는 긴 설득의 시간이 필요했을 것으로 유추할 수 있어요. 결과적으로 더현대서울은 아이앱스튜디오의 10주년 기념 팝업을 론칭하는 데 성공합니다.

아이앱스튜디오 팝업은 1인당 구매량을 5개로 제한할 만큼 오픈 전부터 높은 인기가 예상됐습니다. 팝업에서 신제품이 공개된다는 소식이 알려지며 더욱 주목받았고요. 사전 예약제로 진행되면서 예약 전쟁이 벌어졌습니다. 그 결과 9억 8,500만 원이라는 엄청난 매출을 기록했습니다. 이처럼 젊은 감성에 희소성 강한 브랜드와의 협업이 거듭되며 '백화점은 다 똑같고 어른들이나 가는 곳'이라는 편견을 뒤집을 수 있었던 겁니다.

의외로 꽤 잘 어울리는 조합, 백화점과 MZ

대박 난 팝업들을 가만히 살펴보면 하나의 키워드가 떠오릅니다. 바로 MZ입니다. 소비 시장에서 MZ의 영향력이 커져가고 있다는 것이 새로운 뉴스는 아니지만, 그럼에도 백화점과 MZ의 조합은 생소하면서도 흥미롭습니다. 고급 리테일로서 오랫동안 입지를 다져온 백화점은 변화보다는 안정을 추구해왔기 때문입니다.

　　백화점 매출에서 가장 큰 비중을 담당하는 건 예나 지금이나 명품 브랜드입니다. 객단가가 워낙 높기 때문에 어쩔 수 없죠. 백화점의 전체 매출액에서 명품 매장이 차지하는 비중은 대략 20~30% 정도입니다. 보통 한 브랜드가 연간 1,000억 원의 매출을 내고요. 그렇다면 백화점은 명품 브랜드의 소비층에 주력해야 하는 것이 아닐까요? 왜 이토록 MZ 공략에 적극적인 걸까요?

　　우선, 명품 브랜드의 소비층이 누구와 함께 백화점을 찾는지를 봐야 합니다. 다름 아닌 자녀들, 즉 MZ세대죠. 부모 세대가 어느 백화점을 찾아갈지는 자녀들의 선택에 달려 있습니다. 따라서 MZ의 마음을 얻어야만 구매력 높은 중장년 고객까지 잡을 수 있어요.

　　그렇다면 MZ에게는 어떻게 어필해야 할까요? 요즘 젊은 세대는 TV를 보지 않습니다. 그래서 TV 광고는 큰 효과가 없습니다. SNS 등 온라인 마케팅도 이미 겪을 만큼 겪었습니다. 웬만한 마케팅 콘텐츠에는 반응하지 않죠. 게다가 온라인 마케팅의 단가가 천정부지로 오르면서 그 효율성은 더더욱 떨어지는 추세입니다. 그보다는 현장에서 특정 브랜드를 체험한 사람들이 직접 사진을 찍어서 해시태그와 함께 SNS에 올리는 사진 한 장이 그들에게는 훨씬 영향력이 큽니다.

　　심지어 젊은 세대의 구매력이 대단히 약하지도 않습니다. MZ들이 열광하는 브랜드 마뗑킴의 더현대서울 매장 월간 매출은 약 10억 원입니다. 기존에 백화점에 입점해 있던 영패션 브랜드 중 성과가 좋은 곳의 월 매출이 보통 1억 원이니, 10배나 됩니다.

　　그런 마뗑킴의 평균 객단가는 약 13만 원이라는 걸 고려하면, 한 달간 거의 10만 건이 넘는 결제가 이뤄졌다는 뜻입니다. 말 그대로 고객들이 끊임없이 매장에 들어와 제품을 사 갔다는 이야기에요. MZ는 개별 소비력은 중장년층에 비해 조금 낮을지 몰라도 인기 브랜드에 대한 민감도가 어마어마합니다. 한창 주목받는 '힙'한 브랜드라면 반드시 찾아가죠. 이런 그들을 맞이하기 위해 백화점이 팝업스토어라는 놀이터를 마련한 겁니다. 그리고 그 시도는 MZ들의 취향을 완전히 저격했습니다. 요즘 감성을 찾아 이른바 '오리단길'로 향하던 MZ들의 발걸음이 백화점으로 향하고 있습니다.

더현대서울 팝업과 성수동 팝업의 차이점

더현대서울이 급부상하기 전까지 '팝업의 성지' 하면 성수동이 독보적이었습니다. 지금도 그 위세는 대단해서 주말이면 성수동 인근이 발 디딜 틈 없이 붐비기 일쑤입니다. 그런데 그 안을 들여다보면 조금 분위기가 달라졌음을 알 수 있어요.

최근 성수동에서 볼 수 있는 브랜드 이름들이 정말 화려합니다. 샤넬이나 디올 같은 명품 브랜드부터 인텔 등의 IT 기업까지 굵직한 팝업스토어들로 가득하죠. '그만큼 성수동이 핫하구나'라고 생각할 수도 있지만, 한편에는 치솟는 임대료 문제가 존재합니다. 중·소규모 브랜드들은 감당할 수 없을 만큼 성수동의 '팝업 물가'가 높아진 겁니다.

어떤 지역이 인기를 얻고, 사람들이 모이고, 임대료가 오르고, 기존 상점들이 밀려나는 젠트리피케이션은 상권이 뜨고 지는 자연스러운 과정의 일부입니다. 백화점이 팝업계에 성공적으로 진출할 수 있었던 이유 중 하나이기도 하고요.

성수동 등에서 팝업스토어를 열려면 임대료를 선불로 지불해야 합니다. 메인 거리에 있는 매장의 경우 하루 임대료가 수천만 원에 이르니 단 몇 주만 운영하려고 해도 수억 원이 필요한 셈입니다. 매장 인테리어나 상품 및 굿즈 제작에 들어가는 비용을 제외하고 말이죠. 반면 백화점은 기본적으로 매출의 일부를 수수료로 받는 구조이기 때문에 브랜드의 입장에서 초기 부담이 훨씬 적습니다.

그렇다고 해서 성수동의 임대 구조가 잘못되었다는 것은 아님니다. 앞서 이야기했듯 수요가 많아지면 공급가가 올라가는 것이 당연합니다. 팝업뿐만 아니라 모든 상권에서 일어나는 일이기도 하죠. 이는 팝업스토어를 바라보는 관점에서 비롯된 차이일 뿐입니다.

　　매출의 일정 비율을 수수료로 받는 구조상 백화점 입장에서 팝업스토어는 수익성이 그리 높은 사업은 아닙니다. 수익성을 높이고자 했다면 성수동이나 다른 기타 지역들처럼 공간을 임대하는 방식을 택했을 겁니다. 하지만 백화점이 팝업스토어를 통해 얻고자 하는 것은 화제성과 신규 고객입니다.

　　새로운 브랜드들을 백화점 내에서 경험하게 함으로써 젊은 이미지를 얻고, 이전에는 백화점의 영역에 들어오지 않았던 소비층을 유입시켜 장기 고객으로 만드는 것. 그것이 백화점이 팝업스토어를 통해 추구하는 목표입니다.

　　그 목표가 실현 가능하다는 것이 더현대서울의 사례로 입증되면서, 백화점 팝업스토어는 점차 확대될 것으로 전망되고 있습니다. 현대백화점에 이어 신세계백화점과 롯데백화점도 관련 부서를 신설하고 팝업 비즈니스에 적극적으로 나섰습니다. 현대백화점은 더현대서울의 이미지를 연장시키기 위해 기존의 대구점을 더현대대구로 리뉴얼했고 목동점, 판교점 등도 개편할 계획이라고 하고요. 앞으로 백화점 시장에서 팝업 비즈니스가 얼마나 더 다양하고 새로워질지 기대됩니다.

SPECIALIST's TALK
백화점 팝업의 숨은 무기는? 푸드!

백화점 팝업스토어가 흥행할 수 있었던 이유가 한 가지 더 있습니다. 바로 음식입니다. 사람들이 모이는 곳에서 맛집은 절대 빠질 수 없는 법이죠. 그런 면에서 식당가와 푸드코트를 갖춘 백화점은 큰 이점을 가지고 있습니다.

실제로 백화점 매출에서 식품이 차지하는 비중이 갈수록 증가하고 있습니다. 2023년 현대백화점의 식음료 매출성장률은 전년 대비 13%로 명품(5.8%)보다 2배 이상 높았습니다. 백화점들도 이를 인식한 듯 맛집과 핫플레이스 입점에 열을 올리는 모습이에요. 전국의 유명 음식점, 카페, 베이커리들이 백화점에서 속속 목격되고 있습니다.

백화점의 푸드 매출이 증가하는 이유는 여러 가지가 있습니다만, 그중에서도 기후변화가 한몫하고 있다는 점이 특히 흥미롭습니다. 최근 폭염, 폭우, 폭설 등 자연재해와 재난이 잦아지면서 실내 활동을 선호하는 경향이 두드러지고 있는데요. 그 여파로 쇼핑과 체험, 식사, 문화생활까지 즐길 수 있는 백화점이 매력적인 공간으로 떠오른 겁니다.

B주류 추천

성수동   이희석 현대백화점 상품본부 부장 추천

분위기가 초기와는 다소 달라졌다지만, 그래도 여전히 '팝업의 중심' 하면 성수동이 가장 먼저 떠오릅니다. 저희 팀 소속 바이어들이 자주 찾는 지역이기도 하고요. 성수동에 방문할 계획이 있으시다면, 메인 거리도 좋지만 조금은 중심가에서 벗어나보는 걸 추천합니다. 보물 같은 신진 브랜드들을 발견할 수 있을 거예요.

도산   『B주류경제학』 편집자 추천

요즘 신사동 도산공원 일대의 움직임이 심상치 않습니다. 이 지역은 원래도 서울의 주요 상권 중 하나였지만, 코로나 사태를 겪으면서 주춤하게 된 곳입니다. 한동안 이 일대의 높은 공실률을 우려하는 기사들이 자주 보였는데요. 얼마 전부터 젊은 세대들이 도산공원으로 향하고 있습니다. 트렌디한 하이패션 브랜드들의 팝업스토어가 이 부근에서 종종 열리고 있기 때문이에요. 명품 브랜드들이 오래전부터 자리 잡고 있던 동네인 만큼 패션에 관심이 있으시다면 더욱 추천해요.

B주류경제학

패션

웰빙

명품

뷰티

Chapter2.

스타일

패션 브랜드의 미래를 알고 싶다면 ○○○○부터 봐라?

흔히 패션은 돌고 돈다고 하죠. 실제로 그렇기도 합니다. 1980년대의
파워숄더 재킷이 2010년대 후반에 다시 주목받고, 1990년대의
스타일이 이른바 'Y2K'라는 이름으로 2020년대를 휩쓸고 있는 것처럼
말입니다. 그런데 패션이 그냥 기계적으로 돌고 돌기만 하는 건
또 아닙니다. 얼핏 비슷해 보여도 디테일은 달라지거든요.
한 끗 차이로 촌스러움과 세련됨이 갈리는 만큼 트렌드에 민감하고
발 빠르게 반응하는 곳, 패션계의 흐름과 그 특징을 짚어봅니다.

파편화된 소비자가 이끈 도메스틱 브랜드의 부상

요즘 국내 패션계에서 눈길을 끄는 것은 단연 '도메스틱 브랜드 (Domestic Brand)'의 성장입니다. 사전적 의미 그대로 풀이하자면 '국내 브랜드'일 텐데요, 업계에서는 국내 브랜드 중에서도 규모가 비교적 작으면서 젊고 도전적인 디자인을 선보이는 브랜드들을 가리켜 도메스틱 브랜드라고 부릅니다. 음악으로 치자면 인디 음악 같은 것이라고 할 수 있겠네요.

유니클로, 자라 등 해외 SPA 브랜드들이 한국에 우후죽순 유입될 때만 해도 소규모 국내 브랜드들이 크게 타격을 입을 것이라는 우려의 목소리가 많았습니다. 다양한 디자인의 옷들을 빠르게 순환시키며 싼 가격에 제공하는 SPA 브랜드의 이점이 소비자의 마음을 사로잡을 것이라고 말이죠. 그런데 수년이 지난 지금, 오히려 도메스틱 브랜드들의 파워가 갈수록 강해지고 있습니다. 예상 밖의 상황이 펼쳐지고 있는 거죠.

그 배경에는 소비의 파편화가 있습니다. 과거에는 메가 트렌드가 존재했습니다. 어떤 아이템 하나가 유행하면 거리에 지나다니는 사람들 중 열이면 열, 백이면 백 그 아이템을 입고 들고 신었습니다. 하지만 지금은 마이크로 트렌드의 시대. 소비자들은 저마다의 취향을 가지고 이를 표현하는 데 큰 가치를 둡니다. 굉장히 다양한 트렌드들이 공존하며 각자의 영역을 구축하고 있죠. 아무리 규모가 크다고 해도 하나의 브랜드가 이 모든 영역을 소화해낼 수는 없습니다. 그러니 자연스럽게 파편화된 취향들을 맞춤으로 공략할 수 있는 작은 브랜드들의 힘이 커지는 겁니다.

그렇게 떠오른 도메스틱 브랜드 중에는 특히 도매시장에서 잔뼈가 굵은 곳들, 말하자면 동대문 시장을 기반으로 성실하게 입지를 다져온 곳들이 많습니다. 이들의 강점은 자체 생산, 자체 기획, 자체 유통이 가능하다는 것입니다. SPA 브랜드의 장점들을 이미 갖추고 있었던 셈이죠. 무엇보다 오랜 시간에 걸쳐 형성된 트렌드 캐치 능력과 생산 소싱 시스템이 도메스틱 브랜드의 성장에 주요 동력이 되고 있습니다. 물론, B2B였던 도매시장에서 B2C로 넘어오면서 겪는 고충은 있지만 국내 패션계에서의 노하우를 바탕으로 한국뿐 아니라 글로벌 시장에서도 주목받는 브랜드들이 속속 등장하고 있어요.

패션 시장이 재고 싸움인 이유

여기서 소비자들은 한 가지 의문을 제기합니다. '도메스틱 브랜드 위주로 쇼핑을 하는데 왜 옷값은 더 비싼 것 같을까?' 하고 말입니다. 실제로 옷값이 비싸지긴 했습니다. 하지만 이것은 패션 산업만의 문제도 아니고, 우리나라만의 문제도 아닙니다. 이유는 간단합니다. 원자재 가격이 올랐고, 인건비도 올랐기 때문이죠.

　　코로나 사태 이후 국제 유가가 계속 상승 중인데, 많은 원단들의 주재료가 바로 석유입니다. 또, 원단 및 의류 생산 공장이 주로 포진해 있는 베트남이나 인도네시아의 인건비도 오르고 있습니다. 게다가 옷이라는 상품의 특성상 원가 외에 유통비나 홍보비 명목의 비용이 정가의 많은 비중을 차지합니다. 원가가 오르는 것에 비례하여 유통비와 홍보비도 오르니 옷값이 비싸질 수밖에요.

국제 원유 가격 변화

단위: 달러

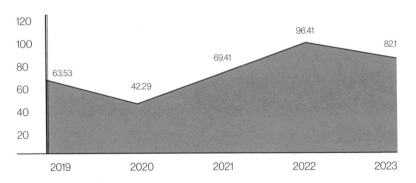

패션 플랫폼계를 점령한 무신사에게 주어진 숙제

현재 국내 패션 플랫폼 세계에서 가장 큰 영향력을 발휘하는 곳을 꼽자면 단연 무신사겠죠. 특히나 남성들 사이에서는 독보적인 파워를 자랑합니다. 트래픽 자체가 압도적이라서 어떤 제품이 무신사 판매 순위 1위를 찍으면 수백 억씩 매출을 올리기도 합니다. 개인 브랜드가 이루기에는 정말 어려운 성과입니다.

2017년, 무신사는 플랫폼의 역할에서 멈추지 않고 자체 브랜드 '무탠다드'를 선보였습니다. 어떻게 보면 SPA 브랜드에 가까운 PB 브랜드로, 민무늬 티셔츠나 트레이닝 팬츠 같은 기본 아이템들을 주로 판매하고 있습니다. 무탠다드의 실적을 정확하게 확인할 방법은 없지만 무신사의 재무제표에서 '제품 매출' 항목을 통해 유추해볼 수 있습니다. 2022년 무신사의 제품 매출은 1,794억 원으로 2021년의 871억 원 대비 2배 이상 늘었습니다.

매출은 늘었지만, 영업이익 측면에서 무탠다드가 단기간에 큰 역할을 해줄지는 미지수입니다. 별도의 공시는 없지만 무탠다드 제품들은 원가율이 상당히 높은 것으로 알려져 있기 때문입니다. 그

㈜무신사 매출액 구분

구분	2021년	2022년	성장률
전체 매출	4,612억 원	7,083억 원	+54%
수수료 매출	1,771억 원	3,017억 원	+70%
상품 매출	1,855억 원	2,151억 원	+16%
제품 매출	871억 원	1,794억 원	+106%
기타 매출	115억 원	110억 원	-

렇지만 장기적으로 봤을 때 무신사만의 차별점으로 작용해서 고객의 이탈을 막고 신규 유입을 늘리는 요소는 될 수 있을 것으로 예상됩니다.

다만 어떤 제품을 어디에 얼마나 노출할지 결정하는 플랫폼이 자체 브랜드를 출시했다는 점에서 카니발라이징(cannibalizing, 한 기업이 비슷한 신상품을 도입하여 자사품의 매출 감소를 야기하는 현상) 논란이 있기는 합니다. 예를 들어, 무탠다드의 티셔츠 제품을 무신사 플랫폼 내에서 밀어줄 경우 해당 카테고리에서 상위 랭킹을 유지하던 커버낫이나 디스이즈네버댓 같은 브랜드들의 매출이 줄어들 수 있다는 겁니다.

무탠다드 외에도 무신사는 계속해서 확장을 시도하고 있어요. 여성 타깃 패션 플랫폼 29cm와 (지금은 서비스가 종료되었지만) 스타일쉐어, 리셀 마켓 솔드아웃을 비롯해 뷰티, 여행, 공연·전시 티켓 등 그 분야가 다양합니다. 아직까지 두드러지는 성과는 보이지 않지만, 그럼에도 무신사가 이렇게 공격적인 확장을 이어가는 것에는 이유가 있습니다. 바로 무신사가 스타트업이기 때문입니다. 최근 4조 원의 기업 가치로 투자를 유지하면서 업계에서는 무신사가 곧 상장을 본격적으로 추진할 것이라고 전망하고 있는데요. 주식시장에 상장을 하려면 최소 기업가치 5~6조 원에는 도달해야 합니다. 그 수준으로 인정받기 위해서는 지금의 매출규모와 영업이익은 다소 부족한 편입니다. 성장과 확장에 대해 갈증을 느끼는 것이 당연하죠. 최근 3년간 무신사의 연결손익을 보면 매년 매출액은 2,000억 원 내외로 증가하지만 영업이익률은 갈수록 떨어지고 있거든요.

이익률이 떨어지는 주요 이유는 인건비나 광고선전비를 과감하게 투자했기 때문인데요. 무신사의 성장 갈증을 간접적으로 느낄 수 있는 부분입니다.

'1등' 여성 패션 플랫폼은 왜 없을까?

2030 남성 패션 플랫폼 업계를 장악한 무신사라면 여성복 시장도 금세 돌파할 법한데, 현실은 그렇지 않습니다. 하지만 무신사가 여성복 시장에서 주춤하는 건 놀랄 일이 아닙니다. 애초에 여성복 시장은 어느 한 플랫폼이 재패하기가 어려운 곳이거든요. 주요 여성 패션 플랫폼 4곳의 현황을 비교해볼까요? 다음의 표에서 알 수 있다시피 전반적으로 고전 중입니다. 에이블리와 W컨셉(신세계인터내셔널)이 영업이익 흑자를 내고 있긴 하지만 매출에 비하면 많이 아쉽죠.

하지만 단지 숫자로만 이들 브랜드를 평가하긴 아직 이릅니다. 특히나 에이블리, 카카오스타일(前 지그재그), 브랜디는 동대문 기반의 도소매 상품들이 많이 판매되는 플랫폼인데요, 이런 상품들은 대체로 원가 대비 판매가가 낮은 편이에요. 물론, 동대문 기반이어도 브랜드가 갖춰져 있다면 이야기가 다르겠지만 그렇지 않은 개인 쇼핑몰 단위의 상품들이 훨씬 많죠. 그렇다 보니 유통사 입장에서 가져갈 수 있는 수수료의 비율이 높지 않습니다. 이런 상황에서 2022년 마이너스 744억 원의 영업손실을 냈던 에이블리가 1년 만인 2023년에 흑자 전환에 성공했다는 것은 상당히 고무적입니다.

패션 시장에서 여성은 남성보다 훨씬 까다로운 타깃입니다. 소비를 예측하기도 어렵고, 구매로 전환시키기는 더 어려워요. 원

여성 패션 플랫폼 손익 비교   기준 연도: 2023년

구분	지그재그	W컨셉	에이블리	브랜디
매출액	1,651억 원	1,455억 원	2,595억 원	521억 원
영업이익	-198억 원	1억 원	33억 원	-244억 원

피스 한 벌을 사려고 온라인 쇼핑몰에 들어가서 장바구니에 스무 벌쯤 넣어두고는 오프라인 매장들을 돌며 실물을 확인하고(입어도 보고), 잠시 카페에 들어가서 스마트폰으로 마음에 든 상품들의 최저가를 검색하더니 '아, 다음 주에 생일 쿠폰 나오는데!' 하면서 구매를 미루거나 취소하는 것이 여성 고객입니다. 그 카페에서 나오는 길에 '아까 그 청바지는 진짜 예뻤어!' 하며 뜬금없이 청바지를 사는 것 역시 여성 고객이고요.

　　이런 여성복 시장을 단일 플랫폼이 차지하기란 어쩌면 불가능에 가깝습니다. 하지만 브랜드 단위로는 접근해볼 수 있습니다. A라는 브랜드의 옷이 잘 어울렸다면 다음에도 A 브랜드 제품을 구매하거나 최소한 살펴볼 가능성이 높죠. 따라서 플랫폼이 살아남기 위해 해야 하는 일은 좋은 브랜드를 선별하여 내 플랫폼에 들이는 것과 다른 플랫폼에 없는 신진 디자이너나 브랜드를 발굴하는 것, 이두 가지입니다. 여성복 시장은 그야말로 트렌드 최전선 중의 최전선이라고 할 수 있겠네요.

SPECIALIST's TALK
패션 플랫폼의 AI 추천 기능이 매력적으로 다가오지 않는 이유

지난 2021년 미국 주식시장에서 화제에 올랐던 패션 플랫폼이 하나 있어요. 이름은 스티치픽스(Stitch Fix), AI를 기반으로 한 스타일링 서비스를 갖춘 의류 구독 플랫폼입니다. 이 플랫폼의 가입자는 온라인 설문조사를 통해 선호하는 스타일 정보를 입력합니다. 그러면 스티치픽스의 AI 스타일리스트가 고객의 취향을 분석해 5개의 추천 아이템을 선별하죠. 고객은 집으로 배송된 추천 아이템들 중에서 마음에 드는 것을 고른 뒤 나머지는 반송하고요.

　　이런 방식으로 데이터가 쌓이면 더욱 세밀한 '취향 저격'이 가능해집니다. 코로나 사태 속에서 크게 성장한 스티치픽스는 2021년

IPO(Initial Public Offering, 기업이 최초로 일반 투자자에게 주식을 공개하는 것) 당시 종가 기준 19.29달러로 나스닥에 안착하죠. 그런데 2024년의 스티치픽스는 사뭇 다른 모습입니다. 주가는 1달러를 밑도는 수준으로 폭락했고, 1년 사이 회원 수는 50만 명이나 감소했어요. '패션계의 넷플릭스'라고 불리던 스타트업이 어쩌다 이렇게 되었을까요? 그저 '팬데믹 사태가 끝나서'가 이유의 전부일까요?

　　　이 사례를 통해 우리는 패션계에서 AI의 역할에 대해 생각해보게 됩니다. 한 끗의 디테일 차이로 달라지는 트렌드에 수시로 바뀌는 개인의 취향, 그 옷을 입게 될 장소, 날씨나 기분 등등 오만가지 변수들로 가득한 이 업계야말로 AI가 힘을 쓰기 어려운 필드일지도 몰라요. 기술이 소비를 쉽게 만들어주고 있긴 하지만 그게 모든 것을 해결해주진 않는 영역도 있는 법이죠.

B주류 추천

더 오픈 YY
유튜버 겸 스타일리스트 최실장 추천

최근 핫한 도메스틱 브랜드예요. 원래 도매 기반이었다가 2020년부터 소매 브랜드로 아예 전향했죠. 론칭 초반부터 옷 좀 안다, 트렌드 좀 안다 하는 사람들 사이에서 디자인과 품질 괜찮은 곳으로 입소문이 났어요. 그러다가 2021년에 켄달 제너가 이 브랜드의 니트 베스트와 가디건을 착용하면서 완전히 대박이 났죠.

랄프로렌
『B주류경제학』 편집자 추천

아직도 랄프로렌을 '아저씨들이 입는 옷' '미국 할아버지 니트'라고 생각하시나요? 2023년부터 계속해서 올드머니룩이 대세인데요, 플렉스로 상징되는 이전의 럭셔리 트렌드와는 다르게 올드머니룩은 보다 정제되고 고급스러우면서 미니멀한 럭셔리를 추구합니다. 일명 '찐 부자룩'이라고도 하죠. 랄프로렌은 미국 상류층을 대표하는 클래식 브랜드로 미국 올드머니 트렌드의 한 축을 맡고 있답니다. 무난하면서 부담스럽지 않아서 더 좋아요.

마라탕후루와 제로슈거가 함께 유행하는 시대의 '웰빙'

요즘 젊은 세대 사이의 트렌드나 밈을 알려면 숏폼만 한 것이 없습니다. 유튜브 쇼츠나 인스타그램 릴스, 틱톡 같은 것 말이죠. 조회 수 높은 순서대로 가만히 보고 있으면 반복적으로 등장하는 무언가가 있습니다. 그런데 최근 이 '무언가'들이 참 재미있습니다. 마라탕, 탕후루 같은 고자극 음식과 제로슈거나 제로칼로리 음식이 공존하고 있거든요. 젊은이들이 자극적인 음식을 좋아하는 거야 어제오늘 일이 아니지만, '제로'의 유행은 뜻밖입니다. 그런데, 마라탕을 먹으면서 제로콜라를 마시는 풍경이 단순히 개인적 선호의 문제만은 아니라고 합니다. 그 배경에 있는 경제와 사회 이야기를 풀어보려고 해요.

100세 시대, 노화가 빨라지고 있다? '가속 노화' 위기!

'가속 노화(Accelerated Aging)'. 평소 건강에 관심이 있는 사람이라면 이 말을 무조건 들어봤을 겁니다. 최근 급부상한 탓에 새로운 용어나 개념으로 오해받기도 하는데, 생물학계에선 꽤 오래전에 정립되어 쭉 쓰이던 용어입니다. 말 그대로 적절한 수준보다 빠르게 노화가 일어나는 현상을 의미합니다. 그런데 이 전문용어가 왜 갑자기 우리의 일상에서 주목받는 걸까요?

가속 노화가 화두가 된 것은 자연스럽습니다. 평균 기대수명이 높아졌기 때문입니다. 늙고 노쇠한 몸으로 더 긴 노년기를 보내고 싶은 사람은 없겠죠. 그러니 노화를 향한 관심이 커지는 게 당연해요. 늘 그래왔지만, 더 젊고 건강하게 오래 살고 싶은 마음은 인간의 본능이나 다름없습니다.

노화과학 가설(Geroscience Hypothesis)에 따르면, 인간이 태어나 살아가는 동안 우리의 몸 안에는 일종의 노화 소프트웨어가 구축됩니다. 유전적 요인이나 생활 습관의 특정한 취약성에 따라 이 노화 소프트웨어가 발현되죠. 어떤 사람에게는 당뇨가 되고, 또 어떤 사람에게는 심장 질환이 되고, 또 다른 사람에게는 인지 기능 저하가 되기도 합니다. 결국 만성질환의 근원은 노화의 축적이라는 이야기입니다. 다시 말해, 노화 속도가 빨라지면 만성질환이 생기는 시점이 빨라지고, 그러면 간병인이 필요해지는 시점이 빨라집니다. 가속 노화는 노년의 삶의 질과 자립을 결정 짓는 중요한 문제인 거죠.

가속 노화와 관련해 흥미로운 것이 하나 더 있습니다. 노년기를 앞둔 5060뿐 아니라 MZ세대도 이 키워드에 열정적인 관심을 보인다는 겁니다. 여기서 다시 '100세 시대'를 언급하지 않을 수 없습니다.

앞으로 20년 후를 상상해봅시다. 의료 기술은 계속 발달할 테고, 지금의 80~90대 어르신들이 20년 후에도 생존할 가능성이 갈수록 높아질 겁니다. 그들의 자식 세대인 60~70대 역시 노년기를 보내고 있을 거고요. 또, 그들의 자식 세대인 40~50대도 노년기에 접어듭니다. 그렇다면 그들의 자식 세대, 지금의 20~30대는 자신들의 위로 무려 세 세대가 의료와 돌봄이 필요한 시대를 맞이합니다. 그러니 노화를 늦추는 데 온 관심이 쏠릴 수밖에 없겠죠.

압력솥 사회: 요즘 2030이 건강에 꽂힌 이유

하지만 요즘 2030이 건강에 열중인 이유가 단지 늘어난 수명만은 아닙니다. 특히 한국에서는 더더욱 그렇습니다. 현대 한국 사회는 말하자면 '압력솥 사회'입니다. 끊임없이 개인을 누르고 쥐어짜는 사회라는 의미입니다. 실제로 요즘 젊은이들은 해야 하는 일이 너무 많습니다. 일도 해야 하고, 자기계발도 해야 하고, 투자도 해야 하고, SNS도 해야 합니다. 너무 많은 정보에 노출되어 있고, 무엇이든 남들보다 빨라야 하죠. 도파민에 중독된 채 쉬지 않고 다음 자극을 찾아 나섭니다. 마라탕이나 탕후루 같이 극단적인 맛의 음식이 크게 유행한 것도 이런 풍조와 관련이 깊습니다.

　　문제는 도파민이 언제나 스트레스 호르몬을 이끌고 온다는 거예요. 도파민이 나오면 그와 동일한 양의 스트레스 호르몬도 뒤따라 나옵니다. 스트레스 호르몬이 일정량을 넘기면 수면의 질이 떨어지고요. 그러면 스트레스 수치가 더 올라갑니다. 스트레스 호르몬이 과다할 경우 뇌가 충동을 잘 조절하지 못하게 돼요. 그래서 자극에 대한 욕구를 더 참지 못합니다. 도파민과 스트레스의 악순환인 셈입니다. 실제로 우리나라의 스트레스 레벨은 상당히 높은 편입니다. OECD 국가 중 자살률 1위, 우울증 환자 비율 1위라는 결과가 괜히 나온 것이 아닙니다.

　　이런 상황이 지속되면서 2030 사이에서 변화가 목격되고 있습니다. 바로 '나 돌보기'에 주목하기 시작한 것입니다. 젊은 세대 사이에서 자신을 잘 먹이고, 잘 재우고, 잘 다루는 일이 중요해지고 있습니다. 그리고 당연히, 건강을 향한 젊은 세대의 관심은 소비 시장의 변화로 이어집니다. 특히 식품 시장에서 가장 빠른 반응이 일어나죠. 그중에서도 주목할 만한 트렌드는 '프로틴'과 '제로슈거'예요.

프로틴 시장의 성장에 미소 짓는 우유 회사들

프로틴, 즉 단백질 식품 시장이 아예 없었던 것은 아닙니다. 피트니스 업계를 중심으로 단백질 보충제 시장이 있었죠. 규모는 굉장히 작았고요. 이 작은 시장을 불과 몇 년 만에 일반 대중에게로 확대시키는 데 큰 역할을 한 회사가 있습니다. 바로 유제품 제조업체인 매일유업입니다.

2018년, 매일유업은 '성인을 위한 마시는 고단백 영양식'을 내세운 브랜드 셀렉스를 론칭했습니다. 셀렉스는 3대 영양소라는 탄수화물·단백질·지방 중에서 가장 중요한 것이 단백질이라는 인식이 퍼지고 있던 시기적 상황과 정확히 맞아떨어지며 그야말로 대박이 납니다. 이어서 분유 및 영유아식을 만드는 일동후디스가 후발 주자로 나서면서 프로틴 식품 시장이 본격적으로 조성됐어요.

이렇게 유제품 회사들이 프로틴 시장에 열성인 이유는 무엇일까요?

우유 시장의 추이를 살펴보면, 글로벌 우유 시장은 계속 성장세지만 국내 시장은 사정이 좀 다릅니다. 2013년 우리나라의 흰 우유(백색 시유) 소비량은 1인당 27.7킬로그램이었습니다. 그런데 2023년에는 25.9킬로그램으로 약 6.5%가량 줄었습니다. 분유 소비량은 감소폭이 더 큽니다. 국내 연간 분유 소비량은 2013년 5만 5,000톤에서 2023년 3만 4,000톤으로 크게 줄었습니다. 2018년까지 쭉 커지던 시장이 몇 년 사이에 빠르게 쪼그라들고 있어 더욱 심각합니다.

국내 우유·분유 소비량 비교

출처: 낙농진흥회

구분	우유		분유	
	2013년	2023년	2013년	2023년
소비량	인당 27.7kg	인당 25.9kg	연간 5만 5,000t	연간 3만 4,000t
추이	6.49% 감소		38.18% 감소	

　원인은 예상대로 출산율 감소입니다. 우유와 분유를 많이 먹는 아이들의 수가 줄어들면서 우유 회사들의 수심이 깊어졌습니다. 그래서 가공유나 치즈 같은 대체 상품을 더 적극적으로 생산하고 판매하는 방식으로 타개책을 찾아왔죠. 그런데 이때, '프로틴'이라는 새로운 먹거리가 눈에 띈 겁니다. 이들은 단백질을 강화한 제품들을 출시하며 타깃을 시니어로 확장합니다. 그렇게 신설된 '성인용 분유' 카테고리는 현재 시장의 한 영역을 당당히 차지할 만큼 성장했습니다.

　이어서 우유 회사들은 기존 제품들에도 단백질을 첨가하기 시작합니다. 당연히 가격도 올리고요. 그리고 이 방법은 꽤 효과가 있었던 것으로 보입니다. 2023년 서울우유의 매출은 2022년 대비 7% 늘었습니다. 매일유업과 남양유업의 경우에도 각각 6%, 3% 매출 성장을 이뤘고요.

　초기에 음료 중심이던 프로틴 시장은 다른 유제품을 비롯해 스낵, 간편식 등으로 더욱 다양해지고 있습니다. 식품 시장이 워낙 크기 때문에 그 안에서 프로틴 시장의 규모를 따지기는 어렵지만, 전문가들은 그보다 성장 속도에 주목해야 한다고 분석해요. 단백질 보충이 절대적으로 필요한 노년층이 증가하는 추세를 피할 수 없는 만큼, 프로틴 시장 역시 당분간 지속적으로 성장할 것이라 기대받고 있습니다. 시장에 침체기가 닥쳤을 때 제품 포트폴리오의 다변화를 통해 위기를 기회로 바꾼 대표적인 사례라고 할 만합니다.

제로슈거 열풍과 설탕값의 상관관계

편의점 음료 칸에 프로틴 제품만큼이나 확연하게 늘어난 것이 '제로슈거'입니다. 몇 년간 폭발적인 인기를 누린 탕후루부터 새롭게 떠오른 '두바이 초콜릿'까지, 요즘의 단맛은 정말 극도로 달다는 특징이 있습니다. 그런데 아이러니하게도 그와 동시에 제로슈거 열풍이 불고 있는 겁니다.

제로슈거 열풍의 첫 번째 이유는 건강인데요. 최근 건강 분야에서 혈당에 대한 우려가 전에 없이 강조되고 있습니다. 혈당 스파이크, 인슐린 저항성 같은 말들을 SNS에서도 흔하게 접할 수 있죠. 실제로 당을 지속적으로 과다하게 섭취하면 비만, 당뇨 등에 걸리기 쉽습니다. 이런 질환이 다른 합병증을 몰고 오기도 합니다.

두 번째 이유는 설탕값의 변동입니다. 만약 설탕값에 관한 문제가 있지 않았다면 기업들이 앞다투어 제로슈거·제로칼로리 제품을 출시하고 최선을 다해 홍보하지는 않았을지도 몰라요. 코로나 사태를 기점으로 국제 설탕 가격이 크게 오르내리기를 몇 차례 반복했습니다. 국내 기업 중 CJ제일제당을 예로 살펴봅시다. CJ제일제당의 제품 중 대표적인 백설탕 제품인 정백당의 경우 2023년 평균 가격이 2021년 대비 약 40%나 증가했습니다.

이렇게 원재료 가격이 오르면 이를 사용하는 업계는 모두 타격을 입습니다. 그렇다고 변동되는 원재료값을 계속 반영해가면서 판매가를 바꾸기엔 부담이 따르죠. 그래서 설탕보다 훨씬 저렴하면서도 가격이 안정적인 대체 감미료들로 손을 뻗기 시작한 겁니다. 대체 감미료의 대부분은 화학 공정을 거쳐 합성되는 것이기 때문에 가격이 고정적이고 변동되더라도 그 폭이 크지 않거든요.

이렇게 건강에 대한 사회적 관심과 설탕값 상승이라는 경제적 이슈가 결합하며 제로슈거 트렌드를 급부상시켰습니다. 글로벌 제로슈거 음료 시장은 2023년 기준 4조 원대의 규모까지 커졌고, 당분간은 연평균 약 15%씩 계속 성장할 것으로 전망됩니다.

국내 시장도 다르지 않습니다. 시장조사기관 마켓링크의 조사 결과에 따르면, 국내 제로 탄산음료의 총매출액은 2020년 924억 원에서 2022년 3,683억 원으로 4배가량 늘었습니다. 단 2년 사이에 말이죠.

국내 제로 탄산음료 총매출액 비교

대체 감미료가 인간 신체에 미치는 장기적인 효과나 영향에 대한 의견이나 연구 결과는 아직 분분합니다. 그럼에도, 이렇게 단기간에 카테고리를 분명하게 갖추었다는 점에서 유의미한 시장인 것은 확실합니다.

SPECIALIST's TALK
제로콜라, 정말 그냥 콜라보다 나을까?

제로콜라가 그냥 콜라보다 낫다, 아니다의 문제는 쉽지 않습니다. SNS 상에서 이를 두고 논쟁이 벌어진 적이 있을 정도죠.

　　물론, 매일 일반 콜라를 마시는 사람이라면 제로콜라로 바꾸는 것이 건강에 확실히 도움이 됩니다. 하지만 이따금씩 마시는 수준이라면 '무엇이 더 낫냐'를 가리기가 정말 어려워집니다. 일반 콜라에 들어 있는 설탕이 우리 몸에 어떻게 나쁜지는 앞서 충분히 이야기한 듯한데요. 그렇다면 제로콜라는 무엇이 문제일까요?

　　제로콜라에는 설탕 대신 인산이 들어갑니다. 인산이 콜라 특유의 '쨍한 맛'을 내는 향미증진제 역할을 하죠. 그런데 인산을 액상 형태로 과다하게 섭취하면 콩팥에 염증을 유발합니다. 건강을 생각한다면 제로콜라가 일반 콜라를 대체할 궁극적인 해답은 아닌 거죠.

B주류 추천

단백질 강화 두유　　　　　　　　　　　정희원 서울아산병원 노년내과 교수 추천

'두유'라면 무조건 단백질 식품, 건강 식품으로 생각하기 쉽지만 꼭 그렇지만은 않습니다. 기호성을 높이기 위해 당을 더 넣은 경우가 더러 있어요. 8그램의 단백질을 먹기 위해 20그램의 당을 먹는다면 건강한 선택이라고 보긴 어렵죠. 두유 중에도 당 대비 단백질 함유량이 유난히 큰 단백질 강화 두유가 있습니다. 이왕이면 영양성분표를 꼼꼼히 따져보고 몸에 더 이로운 것을 직접 선택해보는 게 어떨까요?

홍초 탄산수　　　　　　　　　　　　　　　　이재용 회계사 추천

전 당이 들어간 탄산음료를 최대한 먹지 않으려고 노력하는 편입니다. 제로슈거 탄산음료도 썩 선호하지 않아요. 그런데 만약 집에서 가족들과 피자나 치킨을 먹을 일이 생겼다? 그럴 때 챙기는 것이 있습니다. 바로 차가운 탄산수와 홍초예요. 홍초를 탄산수에 적정량 타서 마시면 탄산음료보다 청량감 있고 달콤새콤 맛있거든요.

화려한 만큼 치열하다! 브랜드 파워의 끝판왕

요즘 홍대나 이태원, 성수동 등 2030이 많이 모이는 동네에 가보면 한국 명품 소비 시장이 얼마나 커졌는지 체감할 수 있습니다. 해외 명품의 소비 연령층이 낮아졌다는 건 그만큼 대중화되었다는 뜻이니까요. 이제 글로벌 명품계에서 한국은 아시아 시장의 테스트베드(test bed) 역할을 하고 있다고 해도 과언이 아닙니다. 한국에서 유행하면 일본, 중국, 동남아시아까지 퍼져나가기 때문입니다. 그러니 글로벌 명품 브랜드들이 한국을 사랑하고 주목할 수밖에 없겠죠?

요즘 명품계의 가장 핫한 이슈: 크리에이티브 디렉터

최근 명품 시장의 움직임이 심상치 않습니다. 원래 '명품'이라면 브랜드 전략의 호흡이 길고 인기의 기복도 크지 않은 것이 특징이었는데요. 그랬던 시장이 상당히 역동적인 모습을 보이고 있습니다. 얼마 전까지 잘나가던 브랜드가 돌연 하락세를 타기도 하고, 철이 지났다고 평가받던 브랜드가 한 번의 컬렉션으로 다시 부흥에 성공하기도 합니다.

그 과정에서 명품계 전반에 걸쳐 흥미로운 변화가 목격되고 있습니다. 흔히 'CD'라고 불리는, 크리에이티브 디렉터의 교체가 활발해진 겁니다. 크리에이티브 디렉터는 공연으로 치면 '총감독'과 같습니다. 브랜드의 컨셉과 디자인을 총괄하며 상품 기획부터 광고까지 비주얼적인 모든 것을 관리하죠. 그래서 브랜드의 정체성과 디렉터의 개성이 잘 맞아떨어지면 엄청난 시너지를 불러일으킵니다. 그런 CD가 교체되었다는 건 브랜드가 완전히 다르게 변신할 수 있음을 의미합니다. 패션을 잘 아는 사람들이 유명 브랜드들의 CD 이름을 외우는 것으로 모자라 그의 이력까지 다 꿰고 있는 것은 그만한 영향력이 있음을 알고 있기 때문이고요.

명품 브랜드가 크리에이티브 디렉터를 교체하는 건 종종 있어왔던 일이지만, 요즘만큼 빈번한 적은 거의 없었습니다. 2023년 한 해 동안 글로벌 명품계에서 30건이 넘는 CD 교체가 이뤄졌어요. 단순히 교체가 많아진 것뿐 아니라, 뜻밖의 선임이 줄을 이어 사람들의 이목을 끌었습니다.

대표적으로 알렉산더 맥퀸의 새로운 크리에이티브 디렉터로 선임된 션 맥기르가 있습니다. 그는 맥퀸에서 일한 적 없는, 다시 말해 외부 출신이에요. 외부 영입이 특별한 일은 아니지만 전임자인 사라 버튼이 브랜드 초창기부터 20여 년간 맥퀸에서 일했고, 설립자인 알렉산더 맥퀸의 후임으로 브랜드를 이끈 인물이었다는 점에서 신선한 선택이었습니다.

　　그런가 하면 루이비통은 남성복 라인의 크리에이티브 디렉터로 퍼렐 윌리엄스를 선임했습니다. 네, 우리에게도 잘 알려진 그 뮤지션 퍼렐 윌리엄스가 맞습니다. 이 파격적인 결정을 두고 패션계를 넘어 문화계 전체가 들썩였죠. 혹평도 적지 않았습니다. 하지만 몇 차례 진행된 그의 컬렉션을 보면 루이비통에 새로운 전환점이 된 것만은 분명해 보입니다. 물론, 엄청난 화제성은 말할 것도 없고요.

　　크리에이티브 디렉터를 교체하는 일은 생각보다 위험 부담이 큽니다. 그 역할의 중요성이 큰 만큼 여차 하면 브랜드 이미지에 많은 타격을 줄 수 있기 때문입니다. 그럼에도 명품 브랜드들이 새로운 CD 찾기에 골몰하고 있다는 건 변화에 대한 강한 의지를 시사합니다. 콧대 높다는 명품 브랜드들도 치열한 생존 경쟁 앞에서는 가만히 있을 수 없는 법이죠.

명품들 사이에서 양극화가 벌어지고 있다?

에르메스·루이비통·샤넬, 줄여서 '에루샤'라고 불리는 명품계의 탑3는 딱히 부침이 없습니다. 경제가 성장하면 같이 성장하다가, 침체하면 또 잠시 주춤하죠. 하지만 그렇다고 마이너스를 찍지는 않습니다. 그 외의 브랜드들은 쉼 없이 뜨고 지기를 반복하고요. 흔들림 없이 굳건한 '에루샤 제국'이 형성되어 있고, 그 아래에서는 춘추전국이 펼쳐지고 있는 셈입니다.

　　그렇다면 '에루샤'의 비즈니스 상황은 구체적으로 어떨까요? 먼저 에르메스의 2023년 매출액은 약 20조 원입니다. 전년 대비 매출성장률 16%를 기록했습니다. 같은 시기 루이비통이 속한 LVMH의 패션 부문은 63조 원의 매출을 올렸고 9%의 매출 성장을 이룹니다. 샤넬은 약 27조 원의 매출에 매출성장률 15%가 나왔죠.

　　2023년의 글로벌 명품 시장 매출성장률은 3.7%에 그쳤는데

명품 3사 재무제표 비교

단위: 원(1유로= 1,500원 기준)
기준 연도: 2023년

구분	에르메스	LVMH 패션	샤넬
매출액	20조 1,405억	63조 2,535억	27조 2,467억
매출성장률	16%	9%	15%
영업이익	8조 4,750억	25조 2,540억	8조 8,417억
영업이익률	42%	40%	32%

요. 이를 비교해보면 에루샤의 실적이 얼마나 압도적인지 짐작할 수 있습니다. 더불어 명품 시장 안에서 일종의 양극화가 심화되고 있다는 것도 알 수 있어요. 불경기가 찾아와도 에루샤는 딱히 침체에 빠지지 않지만 그 외 브랜드들은 휘청거린다는 건 그들 사이의 갭이 상당하다는 뜻이니까요.

명품계의 양극화 이야기를 하면서 빼놓을 수 없는 것이

전 세계 명품 시장 매출성장률

출처: 베인앤드컴퍼니

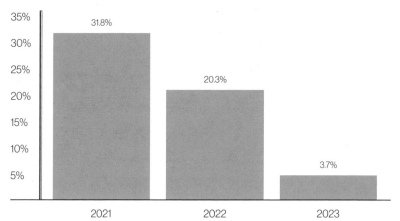

LVMH와 케링입니다. 많은 명품 브랜드를 거느린 럭셔리 기업이죠. 그런데 최근 두 기업의 희비가 엇갈리고 있습니다. 우선, LVMH는 2023년에 유럽 기업 최초로 시가총액 5,000억 달러를 돌파했습니다. 당시 환율을 기준으로 한화 665조 원을 넘는 금액입니다.

전문가들은 LVMH의 활발한 브랜드 인수와 영리한 현금 운용에 주목합니다. 루이비통과 디올을 통해 벌어들인 돈으로 셀린느, 지방시, 펜디 등을 인수한 것으로 모자라 주얼리, 향수, 그릇, 가구, 호텔 등으로 저변을 넓혀가고 있죠. 새롭게 떠오르는 젊은 브랜드들을 사들이는 일에도 거침이 없습니다. 그 결과 75개의 고급 브랜드를 보유한 세계적인 럭셔리 기업으로 올라섰습니다. 폭넓고 다채로운 포트폴리오를 구성함으로써 리스크 방어력을 높인 겁니다.

LVMH가 브랜드 인수에만 돈을 쓰는 것은 아닙니다. 최근 전 세계적으로 금리가 높아지면서 부동산 가격이 떨어지고 있는데요. 이 시점에 파리 샹젤리제의 명품 거리를 계속 매입하고 있어 이슈가 되었습니다. 이렇게 잘 짜인 구조 아래에서 전략적으로 움직이는 모습이 인상적입니다.

LVMH의 라이벌로 꼽히는 케링은 어떨까요? 핵심 브랜드인 구찌를 비롯해 보테가베네타, 생로랑, 부쉐론 등 25개의 브랜드를 보유하고 있는 케링은 규모 면에서 LVMH와 차이가 꽤 나긴 합니다. 하지만 이를 차치하더라도 최근 눈에 띄게 하락세를 보이고 있습니다. 원인은 분명합니다. 구찌가 부진하기 때문입니다.

케링 내에서 구찌의 비중은 상당합니다. 전체 매출의 절반 이상이 구찌에서 나오죠. 구찌는 중국 의존도가 유난히 높습니다. 그런데 한동안 중국에서 굉장했던 구찌의 인기가 시들해졌고, 그 여파로 모기업 전체가 흔들리게 된 겁니다. 2024년 1분기 구찌의 매출은 전년 동기 대비 21%나 줄었습니다. 새로운 성장 동력을 찾고 기업 전략을 마련하는 것이 케링에게는 지금 가장 시급한 일인 듯합니다.

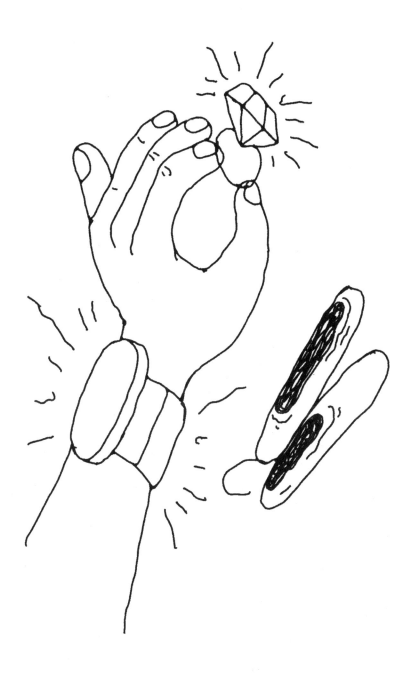

헤리티지는 부족해도 우린 힙해! 신명품의 등장

럭셔리 시장에 신선한 카테고리가 형성되고 있습니다. '신명품'이라고 불리는 신생 고급 브랜드들인데요. 이들을 고전적인 의미의 명품이라고 보기는 좀 어렵습니다. 유구한 역사와 전통에 기반한 정체성, 즉 헤리티지를 갖추지는 못하니까요.

신명품은 젊은 세대들의 사랑을 받는, 엄밀히 말하면 컨템포러리 브랜드입니다. 대표적인 예로 자크뮈스, 르메르, 더로우, 한국의 젠틀몬스터와 우영미 등이 있습니다. 감각적이고 독특한 디자인에 높은 품질로 MZ의 마음을 사로잡았지만, 그들이 마음 편히 소비하기엔 비싼 가격에 신명품이라 칭하고 있는 거죠. 그래도 기존 명품들에 비해서는 확실히 가격이 낮고 구입 루트가 다양해서 2030이 접근 가능한 영역에 있습니다.

하지만 신명품의 매력이 단지 가격과 트렌디함에만 있는 건 아닙니다. 신명품 브랜드들의 특징은 명확하고 구체적인 브랜드 정체성입니다. 브랜드의 포지션이나 무드, 지향점을 어떻게 설정할 것인지 확고하게 정해두고 이를 통해 고객에게 어필합니다. 남과 다른 독창성에 열광하는 요즘 세대들은 자기만의 철학으로 승부하는 브랜드에 지갑을 열거든요.

아쉽게도 신명품 브랜드를 분석할 수 있는 공개된 데이터는 거의 존재하지 않습니다. 대부분 디자이너 개인이 시작한 곳이다 보니 재무나 경영 측면을 꼼꼼하게 챙기기가 쉽지 않거든요. 앞서 예로 들었던 신명품 브랜드 중 자크뮈스는 보도자료를 통해 매출액을 확인할 수 있었어요. 2023년에 2억 8,000만 유로의 매출을 올렸는데, 전년 대비 1억 유로(약 1,500억 원) 가까이 늘어난 셈입니다. 2025년에는 5억 유로의 매출을 기록할 것으로 전망된다니 확실히 성장률이 돋보이죠.

조금은 남다른 명품 브랜드와 유통사의 관계

명품을 사기 어려운 이유는 비싼 가격 탓도 있지만 판매하는 곳이 제한되어 있기 때문이기도 합니다. 희소성이야말로 명품 브랜드의 생명줄이라고 할 수 있으니 당연합니다. 명품을 취급하고 싶어 하는 곳은 많은데 브랜드는 아무데나 입점하길 꺼리니 둘 사이의 관계에서 우위를 점하는 건 브랜드 쪽입니다.

원래 브랜드와 유통사의 관계에서는 유통사가 유리합니다. 유통사가 어느 브랜드를 밀어주느냐에 따라 그 브랜드의 향방이 달라지기 때문이죠. 오프라인에서든 온라인에서든 더 좋은 위치에 더 많이 노출된 브랜드가 소비자에게 더 어필할 수 있으니까요. 이 또한 명품이 다른 소비재들과 다른 특징 중 하나입니다.

가장 대표적인 명품 유통 루트는 역시 백화점이죠. 본래 백화점은 유통계에서도 힘이 셉니다. 백화점 내 공간은 한정적인데 입점을 원하는 브랜드는 수없이 많기 때문이죠. 하지만 명품 브랜드라면 이야기가 다릅니다. 일반 브랜드는 백화점에 입점하려면 30% 안팎의 수수료를 지불해야 합니다. 하지만 명품 브랜드의 입점 수수료는 그의 3분의 1 정도에 그칩니다. 제품 가격 자체가 워낙 비싸서 그런 것도 있지만, 그 브랜드를 입점시켰을 때 얻을 수 있는 이미지 향상, 홍보 효과 등의 가치가 더 높다고 판단한 겁니다.

국내에서는 '명품 유통=백화점'이란 인식이 강하지만, 글로벌 명품 시장은 유럽 소재의 부티크들을 기반으로 형성되어 있습니다. 부티크란 일종의 '명품 총판'으로 아주 오래전부터 해당 명품 브랜드와 직접 거래하며 끈끈한 유대관계를 형성하고 있는 소규모 오프라인 매장을 가리킵니다. 명품 판매에 있어서는 유통 업체보다 부티크가 우선권을 가지고 있죠. 3대에 걸쳐 운영하는 등 명품 브랜드만큼 역사가 깊은 부티크들이 많습니다.

최근에는 온라인 명품 쇼핑 플랫폼도 많이 등장했습니다. 머스트인, 트렌비, 발란, 젠테 등이 대표적인데요. 이들은 주로 병행수입업자나 구매대행업자를 입점시키고 판매를 중개하는 형태로 운영됩니다. 과거에는 '명품은 무조건 매장 가서 사야 한다'라는 인식이 많았지만, 갈수록 온라인 명품 구매에 대한 편견이 깨지는 추세예요. 가품이나 배송 문제만 보장된다면 조금이라도 더 저렴하게 명품을 구매하는 방법을 선택합니다. 이 역시 명품 소비 연령층이 낮아지면서 일어난 변화라고 할 수 있습니다.

SPECIALIST's TALK
온라인 명품 브랜드의 라이징 선, 젠테

여기, 온라인 명품 쇼핑계에 후발주자로 뛰어든 플랫폼이 있습니다. '젠테'라는 이름의 플랫폼인데요. 다른 경쟁 플랫폼들과는 달리 유럽의 부티크들과 직거래를 한다는 차별점이 있습니다. 젠테를 설립한 정승탄 대표는 10여 년 동안 이탈리아 등에서 패션 일을 하며 현지 부티크들과 인연을 맺었습니다.

이후 돈독한 신뢰 관계를 쌓은 것은 물론, 현지 명품 비즈니스의 문화도 체득합니다. 그러던 중 부티크들의 니즈를 발견하게 되죠. 부티크들은 대체로 소규모로 운영됩니다. 온라인 루트를 뚫을 여력도 없고 방법도 모릅니다. 하지만 소비의 온라인화가 오늘날의 대세임을 모르지는 않아요.

온라인 확장에 대한 부티크들의 관심과 좀 더 다양한 명품 제품을 가능한 저렴하게 한국에 유통시키고 싶다는 젠테의 목표는 아주 딱 맞아떨어졌습니다. 현재 젠테는 100여 개의 유럽 부티크들과 직접 계약을 맺고 상품을 공급받고 있습니다. 그 결과 설립 4년 차인 2023년 상반기에 흑자 전환에 성공했고, 2023년 한 해 동안 488억 원의 매출을 올렸고요. 젠테가 한국 명품 유통계에 어떤 변화를 가져올지 흥미롭습니다.

B주류 추천

끌로에
유튜버 겸 스타일리스트 최실장 추천

영국의 패션 디자이너 피비 파일로가 이끌던 2000년대 초반 이후 최근까지 끌로에는 크게 관심받지 못했습니다. 그러다 2023년 하반기, 새로운 크리에이티브 디렉터로 세메나 카말리가 합류하면서 다시금 떠오르기 시작했어요. 그녀의 끌로에 첫 컬렉션에 등장한 '보호 시크(Boho Chic)', 보헤미안 시크 무드는 2020년대 후반 패션계의 트렌드가 바뀌는 데 큰 영향을 주고 있습니다.

젠틀몬스터
『B주류경제학』편집자 추천

아이웨어 브랜드인 젠틀몬스터는 한국을 넘어 글로벌 컨템포러리 브랜드로 발돋움하고 있습니다. 혁신적인 실험 정신이 돋보이는 젠틀몬스터의 브랜드 아이덴티티가 세계 무대에서도 통하고 있는 거죠. 단지 제품에 공들이는 것에 그치지 않고 오프라인 공간에 이를 구현한 것도 MZ들을 끌어모으는 데 주효했고요.

각기 다른 향과 컨셉 담긴 화장품 다품종 시대

'화장품' 하면 어떤 브랜드가 떠오르나요? 아마 오래전부터 있어온 하나의 특정 브랜드보다 뷰티 인플루언서가 만든 작은 브랜드나 뷰티 스토어에 진열된 다양한 브랜드들이 우르르 생각날 거예요. 불과 7~8년 전만 해도 TV 광고에서 자주 볼 수 있는 화장품이나 대기업 브랜드부터 머릿속에 그려졌을 텐데 말이에요. 과거 화장품 시장은 대형 메가 트렌드를 중심으로 형성되었다면, 이제 세분화된 타깃을 바탕으로 브랜드도 상품도 다양한 것이 시장의 트렌드가 되었는데요. 뷰티 씬에서 한국이 남다른 위상을 갖기까지 시장이 성장하는 데 무엇이 영향을 끼친 걸까요? 앞으로 K-뷰티는 어떻게 변화하게 될까요?

롤러코스터처럼 움직이고 있는 K-뷰티 시장

국내 화장품 시장은 2010~2020년 사이에 가장 고도의 성장을 이뤘어요. 많은 뷰티 브랜드들이 중국에 대거 진출하기 시작한 동시에, 온라인 쇼핑이 활성화된 시기인데요. 주로 대기업 브랜드들은 중국으로 향하고, 인디 브랜드들은 국내에서 적극적으로 덩치를 키웠죠. 다시 말해, 온·오프라인에서 복합적으로 성장한 겁니다. 통계청 자료에 따르면 국내 화장품 업체의 소매판매액은 성장 곡선을 서서히 그리며 2018년에 30조 원, 2019년에는 무려 35조 원을 달성합니다.

그런데 승승장구하던 화장품 시장의 성장세가 2020년에 들어서면서 꺾이는 모습을 보이는데요. 2020년에 29조 원, 2021년에 31조 원으로 하락세를 겪게 됩니다. 이후 2022년에 33조 원 정도로 회복하였으나, 2023년에도 지난 고점인 2019년의 35조 원은 회복하지 못한 것으로 예상됩니다.

대표적으로 아모레퍼시픽의 연결매출액을 살펴보면 2020년에 4조 4,000억 원, 2021년에는 매출액 4조 8,000억 원으로 조금씩 상승하다가 2022년 4조 1,000억 원, 2023년 3조 6,700억 원으로 하락세로 이어졌어요. 2년 전에 비해 1조 원이 넘게 떨어진 셈이죠. 영업이

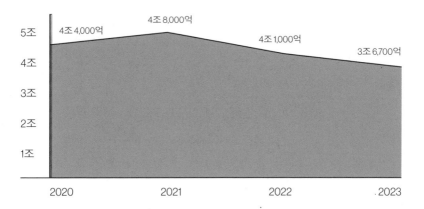

㈜아모레퍼시픽 매출액 추이   단위: 원

익에도 큰 변화가 있었는데요. 온라인 판매가 활성화되면서 2021년 3,400억 원까지 늘었던 영업이익이 2023년 1,080억 원까지 줄었어요.

LG생활건강도 비슷한 상황입니다. 화장품을 메인으로 그 외 치약, 칫솔, 샴푸, 코카콜라 등의 상품을 파는 LG생활건강은 2021년에 연결매출액 약 8조 원을 달성했는데, 2022년에 7조 1,000억 원으로 줄었고, 영업이익은 1조 800억 원에서 무려 7,700억 원까지 줄었습니다. 2023년에도 연결매출액이 6조 8,000억 원, 영업이익 4,900억 원으로 상당히 줄었죠.

아모레퍼시픽과 LG생활건강의 지역별 손익도 매출액의 변동 폭이 큽니다. 아모레퍼시픽은 2022년 아시아 지역 매출액 1조 4,700억 원이 2023년 1조 1,200억 원으로 줄었어요. 특히 중국 지역의 매출액이 가파르게 감소하고 있죠. 더욱 충격적인 것은 한국에서도 약 2,000억 원 이상 매출이 감소한 거예요. 인디 브랜드들이 부상하면서 대기업 브랜드들의 뷰티 시장점유율이 국내에서도 낮아지는 모습입니다.

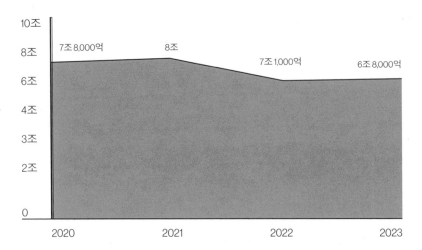

㈜LG생활건강 매출액 추이   단위: 원

LG생활건강은 2022년 9,000억 원이었던 중국 매출이 2023년에 7,200억 원으로 떨어졌고, 아모레퍼시픽과 비슷하게 한국과 중국에서 각각 2,000억 원 가까이 빠진 걸 확인할 수 있습니다. 아무래도 중국의 포지션이 크고 한국에서도 고전하고 있음이 짐작되죠. 코로나19를 기점으로 국내 뷰티 브랜드들의 중국 활동이 눈에 띄게 줄면서 아시아의 다른 지역으로 활동 영역을 옮기기도 했는데요. 중국이 워낙 큰 시장인 데다 중국 외 아시아 시장에서의 영향력이 그렇게 크지는 않다 보니 대기업들의 매출은 줄어들 수밖에 없었습니다.

대기업의 매출이 빠진 틈에 수많은 인디 브랜드들이 단기간에 우후죽순으로 생겨나기도 했는데요. 최근 온라인 채널이 부상하면서 빠르게 변화하는 화장품 시장에서 한발 더 빠르고 유연하게 반응하는 작은 브랜드들이 날개를 펼치기 시작한 겁니다. 속도전에서 다소 약한 대기업 브랜드들은 이러한 위기 상황에 과거 오프라인에서 활발했던 방문 판매의 비중을 다시 높이고 있어요.

그렇다고 인디 브랜드들이 화장품 시장을 완벽하게 움켜쥔 것은 아니에요. 인디 브랜드들은 이미 포화 상태에서 서로 경쟁하다 보니 매출을 잘게 나눠 가지게 되는 상황이 펼쳐지고 있습니다. 게다가 화장품 시장에서 가장 적극적으로 활동하는 2030 연령대 인구 수가 줄어 큰 성장을 이루던 전성기에 비하면 시장 분위기가 역동적이지는 않아요.

작지만 큰 인디 브랜드, K-뷰티 중심에 서다

작은 자본으로 시작해서 SNS 마케팅으로 아기자기하게 꾸려가는 브랜드들을 요즘 어렵지 않게 찾아볼 수 있습니다. 브랜드 대표가 직접 운영하는 유튜브나 SNS를 통해서 소비자의 이야기를 직접 듣고, 소통하며 소비자 팬덤을 형성하기도 하고요.

대기업에서 출발한 탄탄한 자본 기반의 브랜드가 아니라 개

인 혹은 소규모로 시작하는 브랜드들을 인디 브랜드라고 부릅니다. 지금의 'K-뷰티' 신드롬을 일으킨 장본인이 바로 인디 뷰티 브랜드들이랍니다.

과거에는 중국을 비롯한 글로벌 시장으로 아모레퍼시픽이나 LG생활건강과 같은 대기업들이 주로 진출했다면, 요즘은 인디 브랜드의 파워가 굉장히 강해요. 구매 방식이 변화한 것 또한 인디 브랜드의 힘이 세지는 데 영향을 끼쳤는데요. 과거에는 로드샵이나 백화점 1층을 구경하고 테스트도 해보고 제품을 샀다면, 최근에는 주로 여러 브랜드를 한곳에 모아놓고 보여주는 온라인 샵에서 구매하는 방식이 주를 이루죠.

예전에는 피부에 직접 닿는 것은 대기업 제품을 써야 한다는 인식이 강했지만, 지금은 워낙 제조사가 잘되어 있어 인디 브랜드여도 소비자의 신뢰를 얻기에 부족함이 없습니다.

이러한 분위기가 형성되면서 대기업에서도 인디 브랜드가 갖는 이미지와 컨셉을 따라 대기업처럼 보이지 않게 만드는 흐름이 생겼어요. 대기업의 이름을 걸고 대규모 캠페인을 하거나 누가 들어도 알 만한 연예인을 홍보 모델로 앞세워 CF 광고만을 믿는 전략은 요즘 잘 통하지 않습니다.

인디 브랜드들과 그 제품에 대한 소비자의 신뢰가 쌓이면서 전문가들은 국내뿐만 아니라 해외에서의 성과도 기대된다고 전망합니다. 그 첫 번째 이유는 기술력인데요. 한국 ODM(제조사가 제조를 맡아 설계에도 관여하는 적극적인 형태의 소싱) 회사의 기술력이 세계적인 수준인 만큼 제품의 기본적인 퀄리티가 보장됩니다. 나아가 한국 영화나 드라마 등의 글로벌 인기도 K-뷰티의 성장에 크게 기여했습니다. 이전에 비해 한국의 뷰티가 해외에 노출되기 쉬운 상황이 자연스럽게 갖춰졌고, 한국 문화에 대한 동경이 커지면서 한국의 뷰티를 향한 궁금증과 관심, 선호도도 높아진 겁니다. 특히 일본이나 동남아시아에서는 이미 폭발적인 반응이 돌아오고 있어요. 우리가 해외시장 진출의 각오를 불태우며 나섰다기보다 해외에서 먼저 K-뷰티를 원하는 상황에서 진출하게 되면서 그 길이 훨씬 순탄해졌습니다.

　　다만, 대부분의 인디 브랜드들이 하나의 킬러 아이템을 론칭해서 매출을 늘리고 나면 한계점을 마주하는 경우가 많습니다. 제품 포트폴리오를 균형 있게 만들어서 종합 브랜드가 될 것인가, 특정 카테고리만을 섭렵한 인디 브랜드로 남을 것인가를 선택해야 하는 때가 오는 거죠. 한창 성장 중인 시장이기 때문에 '반드시 된다'라고 할 만한 전략을 말하기는 이른 시점이지만, 이름을 알리기 쉽지 않은 인디 브랜드들이 자신만의 노하우로 현재와 같이 시장의 규모를 키운 것처럼 세계로 더 크게 나아갈 나름의 전략을 찾아낼 거예요.

화장품 다품종 시대는 올리브영에서 시작됐다?

과거에 화장품을 살펴보려면 특정 브랜드의 로드샵을 찾거나 선택된 브랜드들이 모여 있는 백화점 1층을 돌아보는 것이 일반적이었습니다. 어떤 브랜드의 색조부터 기초까지 모든 카테고리의 제품들이 한 매장에 모여 있죠. 그러나 요즘은 앞서 살펴본 인디 브랜드들의 약진으로 전에 없이 다양해진 브랜드들은 좀 더 편리하게 만날 수 있도록 구성된 하나의 공간을 찾는 사람이 많습니다. 대표적인 공간이 바로 올리브영입니다.

　　하나의 브랜드를 지정해 모든 카테고리의 제품들을 사는 구매 형태에서 틴트, 기초 제품, 파운데이션 등 카테고리별로 자신이 좋아하는 스타일의 브랜드 제품을 선택적으로 구매하는 형태로 소비 패턴이 변화했다고도 볼 수 있습니다. 해외에서도 마찬가지로 비슷한 흐름을 보이는데요. 일본과 동남아 시장을 살펴보면 특정 브랜드만 주목받기보다 K-인디 뷰티 브랜드들이 한데 묶여 붐을 일으키고 있어요.

올리브영 이전에 화장품의 다품종을 볼 수 있는 매장은 사실상 없었다고 봐도 무방합니다. 인터넷에서 특정 상품에 대한 유행의 바람이 불면 올리브영은 누구보다 발 빠르게 그 상품들을 입점시킵니다. 소비자 입장에서는 한창 '핫'한 아이템이 나에게도 맞을지 오프라인 매장에서 바로 써볼 수 있는 거죠. 이런 강력한 흐름에 인플루언서들도 움직이고 있는데요. 올리브영의 대규모 세일 기간인 3, 6, 9, 12월에 맞춰 광고를 진행하고, 가장 바쁘게 브랜드와 상품을 테스트하고 소개합니다.

이와 같이 독보적인 강자인 올리브영의 대항마로 요즘 다이소가 떠오르고 있어요. 생활용품부터 뷰티 제품까지 없는 게 없는 다이소가 최근 화장품 기업들의 서브 브랜드와 인디 브랜드를 입점시키며 뷰티 쪽도 강화하려는 움직임을 보이고 있는데요. 올리브영과 다이소는 매출액과 영업이익도 비슷합니다. 다이소는 2023년 매출액 3조 4,605억 원에 영업이익 2,617억 원이고, 올리브영은 2023년 연결매출액 3조 8,682억 원에 영업이익 4,607억 원입니다.

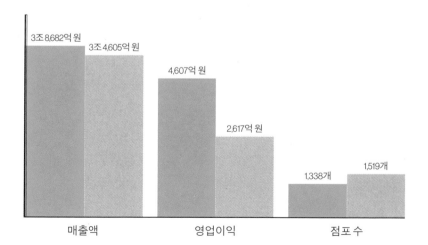

올리브영 vs. 다이소 매출액과 영업이익 비교

기준 연도: 2023년
■ 올리브영 ■ 다이소

다이소는 값이 싼 제품이 많다 보니 매장에 방문하는 사람의 수가 많은 편이에요. 혁신적으로 화장품 하나에 5,000원을 책정하기도 하는데요. 사실상 마진이 감소할 수밖에 없기 때문에 박리다매를 추구하면서 매출 볼륨을 높이는 방식으로 인디 브랜드들이 입점을 시도할 것으로 예상됩니다. 모든 영역에서 힘을 키워가고 있는 다이소가 뷰티 산업에서는 얼마나 성장하게 될지 궁금해집니다.

SPECIALIST's TALK
잘되는 화장품의 비밀

잘되는 화장품 회사에는 어떤 비밀이 숨겨져 있을까요? 답은 '운'입니다!

단순한 운이 아니라 시대를 잘 읽어서 끌어올리는 운을 말한 건데요. 보통 그 시대를 관통하는 이미지나 상품을 누가 처음으로 선보였는지가 중요하고, 이것은 매출과도 직결되죠. 그 예로 닥터자르트를 들수 있어요. 국내 화장품 브랜드였던 닥터자르트는 기존 화장품 용기와는 다르게 마치 약을 담는 통처럼 생긴 용기에 화장품을 담아 선보였고, 화장품 향을 표기할 때도 '비 오는 날 흙을 한 줌 떴을 때 나는 냄새' 식의 전에 없던 독특한 방식을 시도했어요. 여기에 화장품을 소개하는 프로그램에서 1등 타이틀을 달면서 시장에서도 제품력을 인정받았고요. 그결과 2015년 매출액 860억 원에서 2016년 매출액 2,370억 원에 영업이익 720억 원을 달성했습니다. 단 1년 만에 이뤄낸 성과입니다.

이와 같은 상황에 전 세계 뷰티 시장에서 점유율이 상위 5위 안에 드는 미국 화장품 기업 에스티로더가 2015년 닥터자르트의 모회사 해브앤비의 지분 33.3%를 인수했고, 2019년 나머지 지분 전량을 모두 인수했죠. 이 뒤에는 중국 보따리상들이 면세점에서 상품을 대량으로 사 가는 상황이 있었는데요. 관세청에 따르면 2018년 닥터자르트의 국내 면세점 매출이 샤넬과 구찌, 루이비통보다 많았다고 해요.

특히 시대를 잘 관통했다고 할 수 있는 닥터자르트의 상품을 꼽자면 바로 '비비크림'이에요. 피부과에서 사용하던 블레미쉬 밤을 닥터 자르트에서 처음 화장품으로 대중화했어요. 이후 대부분의 화장품 업체에서 비비크림을 만들기 시작했고요.

비비크림만큼 시대를 관통한 아이템으로 틴트도 있죠. 미국 화장품 업체인 베네피트가 처음 개발했다고 알려져 있는데요. 현재까지 제형이나 색상, 바르는 방식 등 다양한 틴트 제품들이 개발되어 판매되고 있어요. 이와 같은 시대적 요구들은 언제나처럼 계속해서 있을 텐데요. 이 흐름을 잘 읽어서 먼저 앞에 설 브랜드는 어디일지 기대가 됩니다.

B주류 추천

롬앤   『B주류경제학』편집자 추천

올리브영 3년 연속 틴트 1등 롬앤! 롬앤의 대표 제품인 '쥬시래스팅 틴트'는 매트 립 위주로 선보이던 롬앤이 소비자의 의견을 반영해 처음으로 출시한 촉촉한 제형의 틴트랍니다. 이 중 베어 그레이프라는 컬러가 있는데요. 색감이 부담스럽지 않아 남자 아이돌도 많이 사용하는 색상이에요. 내 본연의 입술 컬러 같지만 생기를 한 방울 정도 더해준다고 해야 할까요?

무지개맨션   뷰티 인플루언서 개코 추천

도전과 용기가 돋보이는 인디 브랜드예요. 독특하면서도 세련된 용기 디자인부터 시선을 사로잡습니다. 무지개맨션은 소비자 반응에 민감한 걸로도 유명합니다. 사소한 피드백도 놓지 않고 제품으로 구현해내죠. 동물성 원료를 사용하지 않고, 동물 실험도 하지 않는 비건 브랜드라는 점에서도 Z세대에게 호평받고 있어요.

B주류경제학

캠핑

항공

러닝

스포츠

페스티벌

Chapter3.

여가

값보다 질!
오직
입소문과
퀄리티로
살아남는 곳

캠핑 열풍이 한창 뜨거웠어요. 캠핑 용품 브랜드와 패션 브랜드, 맥주 브랜드들이 여러 형태로 컬래버레이션을 전개하며 그 열기를 이어갔는데요. 바쁘고 바쁜 현대사회에서 타오르는 모닥불이나 흐르는 물을 바라보며 멍하니 머리를 비우는 시간, 알람을 맞추지 않고 볕을 시계 삼아 눈 뜨는 여유, 먹고 싶을 때 먹고, 눕고 싶을 때 눕는 자유, 이 밖에도 캠핑을 찾는 이유는 다양할 거예요. 그리고 이 모든 순간에는 그 행위들을 할 수 있게 돕는 캠핑 용품들이 있습니다. 꽤 많은 용품과 준비가 필요한 캠핑, 그 시장은 정말 우리가 느끼는 것처럼 덩치를 키운 상태일까요? 이 열풍은 언제까지 이어질까요?

'너도 캠핑?' 4년 만에 3배 커진 캠핑 시장

한국관광공사에서 매년 캠핑 시장의 규모를 조사하고 있는데요. 해당 조사에 따르면 2017년에 2조 원을 기록했던 시장 규모가 2020년 5조 8,000억 원, 2021년에는 6조 3,000억 원으로 파악되었다고 해요. 불과 4년 만에 3배가량 늘어났죠.

　　이러한 어마어마한 성장의 배경에는 코로나19가 있어요. 코로나19로 인해 해외여행을 가지 못하는 사람들이 국내에서 활동할 수 있는 방편으로 캠핑을 시작하게 된 경우가 많은 것인데요. 이

해외여행객 수 변화 추이

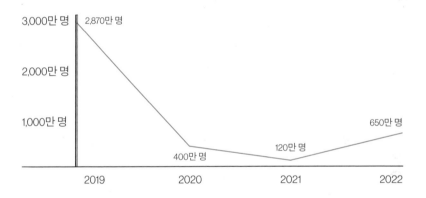

국내 캠핑 시장 규모

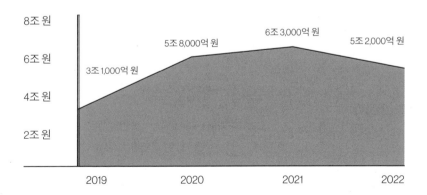

를 증명하듯 해외여행객 수는 2019년 2,870만 명, 즉 대한민국 인구 절반 이상이 해외여행을 연 1회 이상 갔던 때가 무색하게 2020년 400만 명으로, 2021년에 120만 명으로 현저히 줄었습니다. 그리고 2022년 긴급했던 상황에서 조금 벗어나 서서히 상황이 회복하는 중이었음에도 불구하고 해외여행객 수는 650만 명에 그쳤어요. 여행에 목마른 사람들이 어디로든 떠나고자 하는 의지가 캠핑 시장의 확대로 드러나게 된 거죠.

시장 규모가 엄청나게 성장한 2021년과 2022년에는 캠핑용품 관련 업체가 대거 늘어나기도 했어요. 캠핑이 대중화되면서 캠핑 트렌드도 예전과는 많이 달라졌는데요. 특히 캠핑 관련 브랜드들이 슈프림, 구찌, 노스페이스 등 유명 패션 브랜드와 다양하게 컬래버레이션하는 경우가 급격히 증가했다는 점에서 변화를 체감할 수 있어요.

과거에는 텐트, 휴대용 버너 등 캠핑의 기능적 측면이 중요한 제품 위주로 시장이 형성되었다면, 2021년 이후 패션과 캠핑이 결합하는 움직임을 보이면서 캠핑하는 사람들이 캠핑 문화 자체를 즐기려고 하는 흐름이 눈에 띄어요. 캠핑이라는 장르에 패션이 융합

캠핑 3대 기업 매출액 및 영업이익   단위: 원

구분	코베아		헬리녹스		프리즘	
	매출액	영업이익	매출액	영업이익	매출액	영업이익
2022년	810억	69억	769억	78억	546억	107억
2021년	1,002억	128억 성장률 12.8%	539억	85억	548억	133억 성장률 24.3%
2020년	747억 성장률 54%	88억	410억 성장률 152%	70억 성장률 17.1%	371억 성장률 114%	66억
2019년	485억	21억	162억	22억	173억	21억

되면서 매일 같은 옷만 입지 않는 것처럼 캠핑 스타일도 더욱 다양하게 진화하고 있는 중이에요.

캠핑 열풍에 유명세와 매출, 둘 다 잡은 캠핑 장비 기업

캠핑에는 여러 종류가 있어요. 캠핑 방법에 따라 각기 다르게 이름 붙이고 있는데요. 비용은 비교적 많이 들지만, 캠핑에 필요한 장비 등 모든 것이 갖춰져 있어 몸 편히 즐길 수 있는 글램핑, 캠핑에 필요한 음식이나 텐트, 기타 장비 등을 모두 넣은 배낭을 어깨에 메고 떠나는 백패킹, 자동차를 타고 다니며 여행을 하다가 야영도 하는 오토 캠핑, 부지가 마련되어 있는 캠핑장이 아니라 바다나 강변 등 사유지가 아닌 곳에서 캠핑하는 노지 캠핑도 있어요. 캠핑 종류가 다양한 만큼 각 스타일에 맞게 장비들을 세팅합니다. 여기에서 끝이 아니죠. 사계절인 우리나라에서는 더운 여름엔 아이스박스, 추운 겨울에는 침낭이나 난로를 챙겨야 합니다. 계절별 상황별 캠핑 용품의 카테고리가 더욱 확대될 수밖에 없어요.

카테고리에 따른 아이템마다 대표적인 캠핑 장비 기업들이 있는데요. 특히 국내에서 유명한 3대 캠핑 기업으로 코베아, 헬리녹스, 프리즘을 꼽을 수 있어요.

매출액을 보면 코베아가 가장 큰 규모를 차지하고 있는데요. 우선 취급하는 물건이 많다는 점이 큰 규모로 확장하는 데 한몫을 했다고 볼 수 있죠. 우리나라 캠핑 역사와 궤를 같이 하는 33년 전통의 코베아는 주식회사코베아와 비전코베아로 나뉘어져 있지만 사실상 한 회사이기 때문에 재무제표를 합쳐서 살펴보았는데요. 캠핑 붐이 불기 전인 2019년 485억 원 정도 매출을 냈습니다. 그리고 코로나19가 닥친 시점인 2021년에 1,000억 원을 돌파하면서 영업이익 128억 원으로 성장률 12.8%를 기록해요. 이후 2022년 매출액이 810억 원으로 떨어지면서 약간의 역성장을 합니다. 그럼에도 불구

하고 38%의 낮은 부채율을 기록하면서 굉장한 우량 기업으로 남아
있죠. 우리나라 캠핑 페스티벌 중 가장 유명한 '고아웃' 또한 코베아
에서 시작한 행사인데요. 캠핑계에서 앞장서서 새로운 시도를 한 기
업이기도 해요.

　　헬리녹스는 '콜라녹스'라는 별명이 있을 정도로 타 브랜드와
컬래버레이션을 많이 전개하고 있는 브랜드에요. 2019년 162억 원
매출을 기록하고, 2021년에는 매출액 539억 원을 달성했어요. 코베
아는 2022년으로 넘어가면서 조금이지만 매출이 줄었는데, 헬리녹
스는 760억 원을 판매하면서 한 번 더 성장해요. 그야말로 떠오르는
스타라고 할 수 있죠. 매출액 갱신에 따라 성장률도 고공 행진하고
있는 브랜드인데요. 2019년에 22억 원이었던 영업이익이 2022년에
78억 원으로 증가하면서 불과 3년만에 4배 가까이 성장했습니다.

　　게다가 헬리녹스는 2023년 5월 일본에 매장을 오픈하기도
했는데요. 곧 미국과 프랑스에도 매장을 오픈할 예정이에요. 이처럼
본격적인 해외 진출을 앞두고 기업가치를 2,100억 원으로 평가받은
헬리녹스는 2023년 3월 국내 사모펀드(PEF) 운용사 세 곳으로부터
1,200억 원을 투자받았어요. 앞으로 본사를 싱가포르로 이전할 계
획과 함께 해외 사업 확장을 더 적극적으로 추진하여 추후 해외 상
장의 발판을 마련하겠다는 포부를 밝히기도 했죠.

　　프리즘의 경우 캠핑 랜턴 크레모아로 유명한 브랜드인데요.
조명가게를 시작으로 성장한 브랜드이다 보니 조명이 유독 밝기로
유명하죠. 인정받는 만큼 상품 가격이 비교적 고가에 속해요. 프리
즘도 코로나19 이전에는 매출액이 173억 원이었는데 2021년 548
억 원으로 3배 가까이 늘어요. 2022년에도 540억 원으로 매출액을
유지했고요. 여기에서 특징은 이익률이 상당히 좋다는 거예요.

　　영업이익률이 2021년 24%인 133억 원, 그리고 2022년에도
107억 원을 팔거든요. 앞서 말씀드린 다품종 상품을 판매하는 코베

아, 경량 체어 최강자 헬리녹스보다 조명 파는 프리즘이 영업이익률이 더 큽니다. 그 외에도 일본에서 역사 깊은 브랜드인 네이버후드와 컬래버레이션하면서 패션 업계로도 해당 브랜드의 이름을 널리 알렸는데요. 기본적으로 제품의 성능이 좋은데 유명 패션 브랜드와 협업까지 하니 가치가 더 올라간 거죠.

캠핑 갈 때 꼭 가지고 가야 할 가성비템!

형형색색 다양하고 값비싼 캠핑 용품들 사이에 성능 좋으면서 가격 부담은 덜어낸 아이템을 소개해보려고 해요. 먼저, '곰이 와도 깨지지 않는다'는 말 들어보셨나요? 바로 캠핑 용품 브랜드 예티의 아이스박스와 텀블러를 두고 하는 말인데요. 예티의 상품은 내구성이 좋고, 보냉력 또한 뛰어난 것으로 잘 알려져 있죠. 마지막 한 모금까지 시원함이 유지되기 때문에 캠핑지에서 캔맥주를 담아 먹기도 좋다고 해요. 게다가 캠퍼들이 가장 선호하는 코요테탄이나 카키 톤의 색감을 잘 내고 디자인도 심플해서 팬층이 두터워요. 가볍고 디자인도 깔끔한 보온병 브랜드 스탠리는 가성비와 퀄리티가 모두 좋은 제품을 만드는 것으로 널리 알려져 있고요. 이처럼 캠핑 용품은 가격대도 상품 종류도 다양한 컨셉과 필요에 맞게 만들어지고 있죠.

콜맨은 100년의 전통을 자랑하는 역사 깊은 캠핑 브랜드인데요. 70~80년대 유행하던 히피 스타일을 표방하고 있어요. 하나의 브랜드가 100년을 유지한다는 건 끊임없는 노력과 개발의 성과이겠죠. 미국에 콜맨이 있다면 우리나라에는 코베아가 있어요. 한국적이면서도 전통 있는 브랜드라고 할 수 있는데요. 캠핑용 버너 구이바다는 버너와 그릴이 모두 가능해서 탕을 끓일 수도, 구이를 해먹을 수도 있도록 팬을 바꾸어가며 활용할 수 있어요. 캠핑버너 중에서도 원조라고 하는 만능 아이템이에요.

요즘 캠퍼들의 필수품 중 빼놓을 수 없는 아이템, 크레모아

의 조명이에요. 조도가 워낙 세고, 멀리까지도 잘 보여서 백패킹을 갈 때는 크레모아 조명 하나면 된다고 말할 정도예요. 백패킹은 짐 무게가 100그램만 늘어도 엄청난 무게감이 느껴지거든요. 그렇기 때문에 캠핑지에서 헤드렌턴이나 텐트 안에서 멀티로 사용 가능한 조명 아이템이 유용한 거죠. 크레모아 상품 중에서는 선풍기와 서큘레이터 팬도 유명해요. 과학적 원리로 뜨거운 공기는 위로, 차가운 공기는 아래로 가기 때문에 겨울에 캠핑을 가서 난로를 켜도 바닥에 누우면 공기가 차가울 수 있는데요. 서큘레이터 팬을 작동하면 겨울에는 따뜻하게, 여름에는 시원하게 공기를 순환시킬 수 있죠. 단연 캠퍼들의 원픽 아이템이라고 할 수 있어요.

거품 vs. 탄탄, 캠핑 열풍 어디까지 갈까?

마니아의 영역처럼 소수가 즐기던 캠핑 문화가 지난 3~4년 사이 유행처럼 번져 큰 대중화를 이루었죠. 한창 캠핑 인구가 늘어나던 속도에 비하면 현재 거품이 많이 빠졌지만, 그럼에도 이미 캠핑을 한번 맛본 많은 사람이 여전히 캠핑을 문화이자 패션으로 즐기고 있어요. 캠핑은 사실 용품을 아무리 적게 구비한다고 해도 반드시 갖추어야 할 물품이 20~30종은 될 만큼 많은 편이기 때문에 돈이 적지 않게 드는 취미인데요. 그런 점에서 코로나19를 기점으로 이전에는 캠핑을 아예 접해볼 생각이나 기회가 생기기 어려웠다면, 해외로 여행을 떠날 수 없던 시기에 수많은 사람이 캠핑이 나에게 맞는지, 맞지 않는지를 체험해보게 됐죠. 이후 캠핑 시장은 점진적으로 성장하고 있어요. 그전까지의 속도였다면 10년가량 걸렸을 성장 기간을 1~2년으로 단축하게 된 거죠. 그러나 지금은 해외여행을 원활하게 할 수 있고, 운동이나 등산 등 외부에서 즐길 수 있는 취미가 많은 상황으로 변화했죠. 이와 같은 상황에서 근래 몇 년간 캠핑 시장이 그려온 가파른 상승 곡선과 동일한 성장세를 이어가진 않을 것으로 예상돼요. 코로나19 이전 캠핑 시장의 규모인 2~3조 원에 대비해서 앞으로 시장 규모는 4~5조 원을 유지할 가능성이 높아요.

캠핑은 하루 혹은 여러 날 집이 아닌 바깥에서 생활하는 형태의 취미이기 때문에 질이 담보되지 않은 저렴한 물품은 사지 않으려고 하는 시장이에요. 즉, 퀼리티가 보장된다면 비교적 값비싼 물품을 사는 데 돈을 아끼지 않는다는 것이죠. 그렇다 보니 캠핑 용품 업체 대부분은 가격이 다소 올라가더라도 상품의 질을 올리는 데 집중하는 편이에요. 캠핑에서 입소문이 가장 중요하다고 하는 이유도 이 때문이겠죠. 광고를 아무리 많이 해도 캠퍼 사이에서 물건이 좋다는 입소문이 돌지 않으면 판매가 붙지 않는 경우가 많아요. 판매자나 기업가가 당장 눈앞에 보이는 큰돈을 벌겠다는 자세로 질 낮은 제품을 판매하는 것이 아닌 묵묵히 꾸준하게 좋은 제품을 선보이면 캠퍼들은 자신이 선호하는 그 브랜드를 떠나지 않죠.

캠핑 시장도 마찬가지인데요. 한번 유입된 사람은 잘 빠져나가지 않아요. 캠핑 자체의 매력에 빠진 탓도 있지만, 한두 푼이 아닌 다양한 장비를 이미 구비했기 때문이기도 할 텐데요. 그만큼 꾸준히 유지되는 시장이기 때문에 좋은 상품의 질을 꾸준히 유지하고 개선해서 잘 만들어내는 기업이 10년, 20년 후에도 계속해서 잘될 가능성이 높은 시장이라고 볼 수 있어요. 캠핑 시장에서 경쟁력은 제품의 가성비도 있을 수 있겠지만 단연 정직한 기술력과 질 좋은 제품이라는 거죠.

SPECIALIST's TALK

캠핑 용품 시장, 영업이익률이 유독 높은 이유가 있다?

캠퍼들 사이에서는 일명 '근본템'이 있어요. 조명은 크레모아, 경량체어는 헬리녹스, 휴대용 버너는 코베아처럼요. 무려 근본이라고 할 만큼 주목받는 아이템이라면 해당 제품을 판매하는 기업도 어마어마한 수익을 올리지 않을까 유추해보게 되는데요. 앞서 언급한 대표 브랜드들의 영업이익률은 얼마나 될까요? 재무재표를 통해 확인해보니 놀랍게도 30~40%정도밖에 되지 않아요. 이유는 해당 기업들이 제작하는 상품들의 매출원가가 높기 때문인데요. 즉, 제품의 퀄리티를 위해 그만큼 재료비를 많이 쓴다는 거죠. 좀 더 자세히 살펴보면 코베아의 매출 원가율은 71%, 헬리녹스는 67%, 그리고 프리즘의 경우 65% 정도예요. 보통 패션업계 원가율이 30~40% 정도 되는데요. 캠핑 업체와 같은 제조업계에서는 상당히 높은 원가율이라고 할 수 있어요.

다수의 캠핑 업체들이 이렇게 높은 원가율을 유지해가며 제품을 만든다는 건데요. 그럼에도 이 회사들의 영업이익률이 좋은 이유는 제품에 대한 신뢰를 바탕으로 한 네임벨류가 있어 유통비용이 절감되기 때문이에요. 만약 광고와 유통을 진행하는 데 유통업체에 의존해야 한다면 광고비용과 유통 수수료가 높겠죠. 그러나 앞서 말한 세 회사는 마치 특정 지역의 오래된 맛집처럼 광고에 집중하지 않아도 제품을 직접 경험해본 캠퍼들 사이에서 회자되며 초보 캠퍼들도 알아서 찾아오고 줄을 서는 모양새예요. 그렇다 보니 판매가가 조금 높더라도 검증된 상품을 구매하는 캠퍼가 많아요. 이러한 순환구조 안에서 60~70%가량의 원가율로 재료나 퀄리티에 투자하면서도 나머지 판매비와 관리비를 10~20%밖에 쓰지 않아 영업이익률을 15~20%까지 만들 수 있는 거죠.

B주류 추천

고릴라캠핑   이재용 회계사 추천

착한 기업으로 추천해요. 전국에 54개 매장이 있는 프랜차이즈이고요. 2022년 기준 매출액이 728억 원, 매출 원가가 689억 원, 즉 매출원가율이 95%거든요. 그런데 영업이익률이 3.3% 정도예요. 가맹점주는 정말 최소 마진만 남기는 거죠. 1,000원 대부터 10만 원 단위까지 없는 게 없는 고릴라캠핑, 지금보다 앞으로 더 성장하지 않을까요?

나이키 ACG   가수 빽가 추천

장비만큼이나 입는 것도 중요한 게 캠핑이죠. 제 SNS에는 (캠핑을 너무 좋아해서) 캠핑 사진만 있는데요. 캠핑하는 날에 맞게 옷을 맞춰 입어요. 계절에 따르거나 밀리터리룩, 빈티지룩 식으로요. 그렇다 보니 기능성 의류이더라도 심미적인 디자인까지 갖춘 브랜드라서 좋아요.

세계를 누비며 한 나라의 얼굴이 되는 비즈니스

한국관광공사의 통계에 따르면 2023년 한 해 동안
해외로 출국한 우리 국민의 수는 약 2,272만 명이었습니다.
코로나 바이러스가 세계를 위협하던 2021년의 122만 명과 비교하면
18.5배 증가한 셈입니다. 2024년에는 팬데믹
이전의 수준으로 회복될 것이라 기대받고 있죠.
이렇게 여행 시장이 격동의 시기를 겪어내는 동안, 여행의 시작과
끝인 항공업계는 아무래도 그 변화에 가장 즉각적으로 반응할 수밖에
없었는데요. 국내 항공업계만 봐도 크고 작은 이슈들이 연이어
터지고 있습니다. 새로운 변곡점을 맞이한 항공 비즈니스,
그 핵심을 짚어봅니다.

중동 항공사는 후하고 미국 항공사는 불친절하게 느껴지는 이유

팬데믹 당시 전 세계 국가와 도시들이 록다운(봉쇄 및 이동 제한)을 실시하면서 직격탄을 맞았던 항공업계가 최근 본격적으로 활황기를 맞이했습니다. 항공기 제조사 보잉과 에어버스는 세계에서 몰려드는 주문들로 즐거운 비명을 지르고 있죠. 그런 가운데 중동 항공사들의 약진이 눈에 띕니다.

　　요즘 '항덕(항공 덕후)'들 사이에서 잘나가는 항공사를 꼽으라면 중동의 항공사들이 빠지지 않고 등장합니다. 항공사 품질 컨설팅 기관인 스카이트랙스가 선정한 월드에어라인어워즈에서 세계 항공사 1위를 차지한 카타르항공부터, 에미레이트항공, 에티하드항공 등이 있는데요. 이들 항공사에는 공통된 특징이 있습니다. 그 나라의 정부나 국부펀드에 의해 운영되는 국영항공사라는 겁니다. 중동의 오일머니로 무장한 이 항공사들은 공격적인 투자와 풍족한 서비스로 글로벌 여행객들의 마음을 얻고 있어요. 이들은 왜 이렇게까지 항공 산업에 진심인 걸까요?

　　항공 산업은 한 나라의 국가 경제력에 비례하기 때문입니다. 나라의 경제력이 좋으면 그 나라의 항공사도 상승세를 탑니다. 국내외 수요가 늘어나는 것은 기본, 글로벌 항공계에서의 영향력이나 인지도도 달라집니다. 말하자면 항공사는 그 나라의 얼굴입니다. 심지어 세계를 날아다니는 초대형 광고판 역할을 하는 얼굴이죠.

　　중동 국가들이 항공업계에 투자를 아끼지 않는 이유가 하나 더 있습니다. 이들이 세계를 연결하는 항공 허브로서 환승 사업에 주력하고 있다는 겁니다. 사실 두바이나 아부다비 등은 인구가 적고 항공의 내수 수요도 충분하지 않습니다. 대신 유럽-아시아-아프리카를 잇는 교통의 요지에 위치해 있어요. 이들이 항공사를 잘 운영해서 세계의 항공 여행객들에게 어필한다면 고객의 수가 기하급수적으로 늘어날 수 있다는 뜻입니다. 최고의 항공사 중 하나로 꼽히는 싱가포르항공 역시 아시아 여객과 물류의 허브인 싱가포르의 국영항공사라는 점에서 비슷한 포지션을 점하고 있고요.

그런데 세계 제1 강대국이라는 미국의 항공사들은 상황이 좀 다릅니다. 우리나라만 봐도 미국 항공사들에 대해 '불친절하다' '서비스가 형편없다' 같은 평이 주를 이루고 있죠. 실제로 유나이티드항공 등을 이용해보면 국내 항공사와는 차이 나는 분위기가 좀 낯설기는 합니다.

하지만 이를 두고 '미국 항공사들은 퀄리티가 떨어진다'라고 단정 짓기는 어렵습니다. 그에 앞서 미국에서 항공 비즈니스를 바라보는 관점에 대한 이해가 필요합니다. 미국에서 비행기는 상당히 대중적이고 일상적인 교통수단입니다. 한국에서야 제주도나 일본으로 향하는 한두 시간짜리 비행도 특별한 이벤트지만, 미국에선 그렇지 않죠. 내수 수요가 전체 항공 수요의 절반 이상을 차지합니다.

우리나라로 치자면 KTX에 빗대어볼 수 있어요. 다른 교통편에 비해 돈이 조금 더 들지만 편하고 빠르게 장거리를 이동할 수 있죠. 따라서 항공 서비스의 질이나 필요성에 대한 기준이 우리와는 다를 수밖에 없습니다.

코로나 시기에 더 성장한 대한항공? 국내 항공업계의 근황

현재 대한민국 국제선 운항의 80% 이상을 맡고 있는 대한항공의 재무제표부터 살펴보려 해요. 우선, 2023년의 매출액은 연결재무제표 기준으로 약 16조 원입니다. 같은 해 미국의 유나이티드항공 매출이 72조 5,000억 원이고, 중동의 에미레이트항공 매출이 46조 원인 것을 보면 규모 자체는 상대적으로 작다고 할 수 있죠.

하지만 뜻밖에도 영업이익률은 대한항공이 11%로 유나이티드항공보다 약 3% 높습니다. 팬데믹이 진행 중이던 2022년의 데이터를 보면 더욱 재미있습니다. 그해 대한항공의 영업이익률은 무려 20%입니다. 유나이티드항공이 5.2%였던 것과 비교하면 놀라운 수준이죠. 전 세계 하늘길이 제한되어 쉽게 항공을 이용할 수 없었던 시기에 대한항공은 어떻게 이런 성과를 낼 수 있었을까요?

비밀은 매출 비중에 있습니다. 2023년 대한항공의 전체 매출액에서 화물 매출액이 무려 28%를 차지했습니다. 2019년의 20.8%보다도 많습니다. 코로나 바이러스로 고객이 급감하자 운항할 수 없는 여객항공기들을 화물항공기로 바꿔 사용한 겁니다. 유나이티드항공의 경우 2023년의 화물 매출액 비중이 2%도 채 되지 않습니다.

물론, 항공화물 단가 자체가 높아진 덕을 보기도 했습니다. 2022~2023년에 걸쳐 항공화물 단가가 많이 올랐어요. 운항되는 항공기 수 자체가 턱없이 적으니 뜨는 비행기들에게 돈을 더 줄 수밖에 없죠. 따라서 이 상황이 장기적으로 유지되긴 어려울 것으로 보입니다. 대한항공 자체적으로도 화물 중심에서 여객 중심으로 다시

대한항공 vs. 유나이티드항공 비교

단위: 원(달러 환율 1,384원 기준)
기준 연도: 2023년

구분	유나이티드 항공	대한항공
총 매출액	74.5조	14.5조
국내 여객 매출	40.9조	0.5조
국제 여객 매출	27.0조	8.5조
화물 노선 매출	2조	4조 28%
영업이익	5.7조	2.8조
영업이익률	7.8%	11.1%

이동하는 모습이고요. 하지만 위기 상황에 빠른 대처로 타개책을 모색했다는 점에서 유의미한 전략이었던 것은 분명합니다.

대한민국 TOP2 항공사의 합병,
소비자에겐 득일까, 실일까?

대한항공과 관련된 진짜 핫한 뉴스는 따로 있죠. 바로 아시아나항공과의 합병 소식입니다. 그 안팎의 복잡한 사정은 뒤로하고, 합병 절차는 큰 무리 없이 진행되고 있습니다. 그렇다면, 소비자의 입장에서 이 합병은 어떻게 평가받고 있을까요?

대한항공이나 아시아나항공 같은 대형 항공사를 FSC(Full Service Carrier)라고 부릅니다. 한 나라에서 두 개의 FSC가, 그것도 비슷한 규모와 수준을 갖춘 두 FSC가 공존하는 경우는 세계적으로도 드물어요. 그리고 이것은 항공 소비자에게 큰 메리트가 됩니다. 다른 업계에서도 마찬가지지만, 비등한 두 업체가 상존하면 서로 견제하며 발전합니다. 그 과정에서 고객은 더 향상되고 다양한 서비스와 혜택을 경험할 수 있고요. 실제로 2010년 무렵에는 아시아나항공이 글로벌 항공사 1위에 오르기도 했습니다. 지금의 카타르항공이나 싱가포르항공처럼요. 후발주자로서 대한항공을 따라잡기 위해 차별화에 주력한 결과였죠.

또한 이번 합병으로 아시아나항공이 세계 최대 항공동맹인 스타얼라이언스에서 빠지게 된 것도 아쉽습니다. 대한항공도 세계적인 항공동맹 중 하나인 스카이팀에 속해 있기는 합니다만, 아무래도 제휴 항공사의 수나 제공 서비스 면에서는 스타얼라이언스가 더 낫거든요. 같은 항공동맹 소속 항공사를 이용하면 마일리지 사용, 수하물 연계, 환승 편의 등 여러모로 이점이 많습니다. 아무래도 그런 선택권이 사라졌으니 고객들은 씁쓸해집니다.

여기서 새로운 궁금증이 생깁니다. 치열한 경쟁 관계와도 같

았던 두 FSC가 하나로 합쳐지는 상황이 LCC(Low Cost Carrier), 즉 저가항공사들에게는 기회가 될까요? 그동안 LCC가 점유하지 못했던 영역들을 기대해볼 수 있을까요?

지금이 기회다! 저가항공사들의 도전

국내 LCC들의 경우 세계 저비용 항공사들 중에서도 굉장히 훌륭한 편에 속합니다. 기내 환경이나 서비스의 퀄리티가 꽤 우수하죠. 그래서 국내선이나 일본 같은 단거리 노선을 이동할 때는 LCC를 선호하는 소비자들이 많습니다.

　　그런데 최근 LCC들이 중장거리 노선 확보에 박차를 가하고 있습니다. 대한항공·아시아나의 합병과 무관해 보이지는 않는데요. 대표적인 예로 2021년 운항을 시작한 에어프레미아가 있습니다. 중장거리 노선 전문 항공사를 목표로 하는 에어프레미아는 스스로 HSC(Hybrid Service Carrier)를 표방합니다. 기존 FSC와 LCC의 중간 영역, 말하자면 틈새시장을 노린 겁니다. 이코노미보다 좌석 간격이 더 넓은 프리미엄 이코노미를 만들어 좌석을 세분화하고, 중장거리 운행이 가능한 대형 기종 항공기를 구비하는 등의 시도가 인상적이에요. 실제 고객들에게도 채워지지 않던 니즈를 겨냥했다는 호평을 받고 있습니다.

　　기존 LCC 중에서도 가장 공격적인 행보를 보이는 것은 티웨이항공입니다. 대한항공과의 합병으로 매각하게 된 아시아나항공의 유럽 노선을 넘겨받기로 조건부 승인을 받기도 했습니다. 지난 4월에는 크로아티아 자그레브에 취항하면서 한국의 역대 LCC 중 최장거리를 운항하게 되기도 했죠. 최근 항공기 지연 문제 등 그 과정이 매끄럽지만은 않지만, 다음 도약을 향한 적극적인 의지가 돋보입니다.

　　제주항공은 상대적으로 점진적인 성장을 노립니다. 무리해서 비행기를 추가로 들이기보다는 기존 기종을 더 연비가 좋은 것으로 교체하는 방식으로 영업이익률을 개선하고 있어요. 정통 LCC 모델을 고수하면서 조금씩 영역을 확장하고 있는 모습입니다. 인도네시아 발리와 일본 소도시들에 신규 취항하고, 우즈베키스탄 취항을 준비하는 등 급진적이진 않지만 꾸준한 도전이 특징입니다.

　　장기적으로 봤을 때 국내 LCC들은 계속 성장해나갈 것으로 전망됩니다. 하지만 그럼에도 대한항공을 위협하기에는 역부족일 것으로 보여요. 그러기엔 대한항공이 이미 너무 큰 플레이어로 자리 잡았습니다. 글로벌 항공업계에서 굉장히 주목받는 항공사이기도 하고, 보유 항공기나 취항지 수 측면에서도 세계적인 수준이죠. 국내에서는 잘 체감하지 못하지만 환승 분야에서도 영향력이 큽니다. 여기에 아시아나항공과의 합병까지 더해지니 LCC나 HSC가 넘보기엔 너무 큰 공룡인 셈입니다.

　　결국 한국 항공업계는 대한항공과 대한항공이 아닌 항공사들로 구분되어 나아가는 양상이 펼쳐질 겁니다. 하지만 소비자 입장에서 딱히 손해는 아니죠. 대한항공이라는 메이저 항공사의 장점을 누리는 한편, 다양한 LCC들을 취향과 필요에 따라 고를 수 있으니까요.

SPECIALIST's TALK
항공권 잘 사는 법

항공권을 저렴하게 구매하는 방법으로 자주 언급되는 것이 항공사 마일리지인데요. 사실 이를 제대로 적립하고 사용하기란 쉽지 않습니다. 마일리지 제도 자체가 워낙 복잡하기도 하고, 항공사마다 다르고, 또 항공동맹에 따라서도 다르기 때문이에요. 그래서 항공여행 경험치가 어느 정도 쌓여야 이를 잘 활용할 수 있습니다.

　　그렇지 않은, 해외여행 초심자 분들에게 권하는 '항공권 잘 사는 법'의 핵심은 손품입니다. 혹시 항공권을 살 때 아직도 해당 항공사의 공식 웹사이트나 애플리케이션만 이용하시나요? 그렇다면 상당히 안

타까운데요. 스카이스캐너, 카약, 구글 플라이트, 네이버 항공권 등 이미 다양한 항공권 가격 비교 플랫폼이 마련되어 있거든요.

　　굳이 여러 개의 플랫폼을 살펴야 하는 이유는 간단명료합니다. 플랫폼마다 장점과 혜택이 다르기 때문입니다. 구글 플라이트에서는 검색되는 항공권이 네이버 항공권에서는 보이지 않기도 하고, 스카이스캐너에서는 카드 할인이 되는데 카약에서는 정가로 결제되기도 하죠. 일단 해외여행을 결심했다면 수시로 플랫폼에 들어가 검색해보는 습관을 가지는 게 중요합니다.

B주류 추천

에티하드항공
유튜버 또떠남 추천

만약 1등석을 타기로 마음먹었다면 에티하드항공은 꼭 타보시길 권합니다.
서비스야 대한항공도 참 좋습니다만, 물리적으로 제공되는 공간의 구성
자체가 차원이 다르거든요. 대한항공 1등석의 경우 내가 앉아 있는 좌석을
침대로 바꾸는 방식이라면 에티하드항공의 1등석은 별도의 침대가
제공됩니다. 이 침대는 소파 형태로도 이용할 수 있고요. 심지어 샤워도
가능합니다. 하늘을 날면서 즐기는 샤워라니, 굉장한 경험이 아닐 수 없겠죠?

에어프레미아
『B주류경제학』편집자 추천

그동안 LCC의 좁은 좌석이 힘겨웠던 분들이라면, 동시에 FSC의 높은 가격은
부담스러웠던 분들이라면 에어프레미아가 좋은 선택지가 될 겁니다. 일반
이코노미보다 간격이 7인치 넓은 프리미엄 이코노미 좌석은 중거리 비행을
하기에도 꽤 쾌적하죠. 그 밖에 음료 및 간식, 기내식 제공, 수하물 포함 등
FSC에 준하는 서비스가 제공됩니다.

'러너스 하이'에 빠진 사람들? 대한민국에 불어닥친 러닝 붐

러닝을 즐기는 사람들에게 왜 달리기가 좋은지 물어보면
'달릴수록 기분이 좋아져요!'라는 답변이 돌아오곤 합니다.
실제로 중간 강도로 30~40분 정도 달리다 보면 몸이
가벼워지고 머리가 맑아지는 느낌이 드는데요,
이를 '러너스 하이(runner's high)'라고 부릅니다.
요즘 대한민국은 러너스 하이에 심취한 듯 보입니다.
해질 무렵이면 도심 곳곳에서 무리 지어 달리는 사람들의 모습이
더 이상 낯설지 않고, 주말의 공원과 운동장은 러너들로 붐빌 정도죠.
무엇이 사람들을 이렇게 달리게 하는 걸까요?

지금까지 이렇게 건강한 트렌드는 없었다!
우리를 달리게 하는 러닝의 매력

여론조사 기관 한국갤럽에서 2023년 실시한 '아웃도어 활동 및 실내외 운동 경험률 조사' 결과에 따르면 최근 운동 경험률이 가장 크게 증가한 종목이 '달리기'였습니다. 2021년 23%에서 2023년 32%로 9% 증가했는데요. 다른 종목들도 전반적으로 늘어났지만 가장 돋보이는 상승세입니다. 또한 남성 36%, 여성 27%, 10대 38%, 60대 이상 27%로 성별 연령대별 경험률의 차이가 크지 않은 것도 달리기의 특징 중 하나였고요. 남녀노소를 가리지 않고 달리기에 대한 선호도가 높아지고 있다는 뜻입니다.

달리기의 인기가 치솟은 데는 역시 코로나19의 영향이 컸습니다. 단체 스포츠는 물론, 헬스 같이 실내 공용 공간에서의 운동도 어려워진 가운데 건강에 대한 관심은 높아지면서 홀로 즐길 수 있는 달리기가 각광받게 된 겁니다. 이후 코로나 사태가 완화되면서 러닝 크루 등 '함께 달리기' 문화도 빠르게 확산되었죠.

러닝은 진입장벽이 낮다는 점도 한몫했습니다. 최근까지 인기를 끌었던 골프나 테니스에 비교하면 시작하기가 훨씬 쉽습니다. 특별한 장비나 강습 없이도 누구나 달릴 수 있으니까요. 가벼운 복장에 편한 운동화 정도면 충분합니다. 그래서 다른 스포츠에 비해 러닝 열풍은 더 장기적으로 이어질 수 있고, 일상적 문화로 안착할 가능성이 높다고 전망되고 있습니다.

러닝이 뜰 수 있었던 또 다른 핵심적인 요인은 러닝의 'SNS 친화성'입니다. 러닝은 정말이지 인스타그래머블(instagramable)한 운동이거든요. 우선, 러닝은 측정이 쉽습니다. 스마트폰이나 스마트워치만 있으면 몇 시간 동안 얼만큼의 거리를 어느 정도의 빠르기로 뛰었는지 간단히 알 수 있죠. 측정이 쉬우면 인증도 쉽습니다. 오늘의 러닝 결과를 캡쳐해 인스타그램에 올리는 과정은 인증과 공

유를 즐기는 젊은 세대에게 '달려야 할 동기'가 되기에 충분했습니다. 인증만 하는 것이 아니라 러너들끼리 서로 응원하고 북돋우는 분위기는 러닝을 중심으로 한 공동체 문화로 퍼져나갔습니다.

여기에 힙한 러닝 패션까지 더해집니다. 기능성에 트렌디함까지 갖춘 러닝복과 러닝화를 비롯한 각종 아이템들은 MZ 러너들을 끌어모으는 데 큰 역할을 했습니다. 그 인기를 반증하듯 방송을 비롯한 각종 미디어에서도 러닝이 자주 노출되고 있고요. 건강한 취미, 즐거운 커뮤니티, 멋진 패션까지 러닝은 단지 운동이 아니라 핫한 키워드의 집합체인 셈입니다.

페스티벌을 닮아가는 마라톤 대회?
달라진 요즘 러닝 문화

'피켓팅'이란 말을 아시나요? '피 튀기는 티켓팅'을 줄인 말로, 단 몇 분이면 매진될 만큼 치열한 예매 전쟁을 가리킵니다. 보통 유명 가수의 콘서트를 예매할 때 쓰이죠. 그런데 최근 새롭게 떠오른 피켓팅 전쟁터가 하나 있습니다. 바로 마라톤 대회인데요. 국내외를 막론하고 주요 마라톤 대회는 참가 신청을 하기가 하늘의 별 따기입니다.

국내 마라톤 대회 중에서는 봄에 열리는 서울마라톤(前 동아마라톤)과 가을에 열리는 춘천마라톤, JTBC 서울마라톤을 3대 대회로 꼽습니다. 이 외에도 각 지자체에서 주최하는 지방 마라톤, 나이키나 뉴발란스 등 브랜드에서 개최하는 마라톤 등 해마다 열리는 대회 수만 해도 상당합니다. 이 중 인기 있는 대회는 접수가 오픈되자마자 서버가 마비되기 일쑤죠. 2023 JTBC 서울마라톤의 경우 사전접수에만 4만 명이 넘게 몰려 화제가 되기도 했습니다.

러닝 붐은 한국에 국한되지 않습니다. 해외의 러닝 문화는 워낙 역사가 깊고 다채로워 국내 러너들도 해외 대회 참가를 목표로 삼곤 해요. 여기에 코로나19를 기점으로 글로벌 인기가 치솟으면서 세계에서 가장 권위 있는 세계 메이저 마라톤 대회(World Marathon Majors)는 러너들 사이에서 '꿈의 무대'로 불리고 있습니다.

현재까지 선정된 메이저 대회로는 보스턴·뉴욕·시카고·런던·베를린·도쿄마라톤이 있고, 이 대회들을 아울러 6대 마라톤으로 부르기도 합니다. 여기에 시드니마라톤이 7번째 메이저 대회의 유력 후보로 심사를 받고 있어요. 이 메이저 대회들은 참가하고자 하는 사람들이 너무 많아 대개 추첨제나 기록인증제를 통해 참가자를 선별합니다. 6개의 메이저 대회를 풀코스 완주하면 수여되는 기념 메달은 러너들 사이에서는 명예로운 증표로 여겨집니다.

나이키 성장세

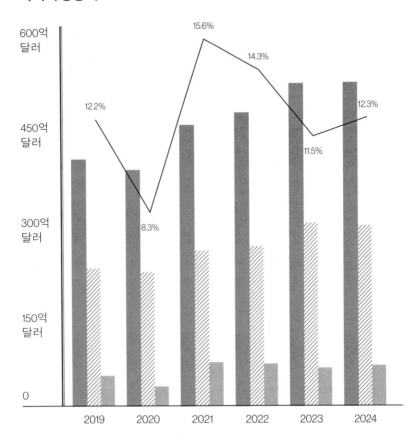

마라톤 대회의 특징을 살펴보면 음악 페스티벌과 유사한 점이 많습니다. 유명한 대회(페스티벌)는 참가 티켓 구하기가 쉽지 않고, 국내 대회(페스티벌)를 어느 정도 섭렵하면 해외도 노려보게 되며, 그 지역의 풍경과 문화를 만끽할 수 있죠. 지자체와 기업의 후원이 다양하게 이뤄지는 이벤트라는 점과 최근 MZ들의 사랑을 듬뿍 받고 있다는 점도 닮았습니다. 말하자면 마라톤 대회는 단순한 스포츠 대회라기보다는 엔터테인먼트 이벤트에 가까워지고 있다고 할 수 있어요. 물론 아직 세계적인 페스티벌에 비해서는 산업적 규모가 작긴 하지만, 그 잠재력은 작지 않습니다.

러닝 대유행의 시대에 러닝화 원탑 나이키는 위기인 이유

이번에는 앞서 언급했던 러닝 패션, 그중에서도 러닝화 시장을 집중적으로 다뤄보려 합니다. 러닝의 인기가 높아지면서 자연히 러닝화 시장도 확장되고 있습니다. 다양한 디자인과 기능의 제품들이 연이어 출시되면서 소비자들의 선택의 폭이 점차 넓어지고 있죠.

러닝화는 크게 레이싱용과 데일리용으로 나뉩니다. 평소에는 자기 발에 잘 맞고 각자의 러닝 환경에 적합한 일상용 러닝화로 연습을 하고, 대회에 나갈 때는 단 1초라도 기록을 단축시키기 위한 온갖 기술력이 집약된 레이싱용 러닝화를 신는 식인데요. 최근에는 레이싱용 러닝화 기술이 굉장히 발달해서 '기술 도핑이 아니냐'라는 논란까지 있을 정도입니다. 초경량화는 기본이고 반발력을 극대화해서 속도를 내기 더 용이하게 만들거나 발에 착 감기는 유연한 소재로 저항감을 덜어주는 등 그 특징도 다양하죠.

러닝화의 기능적 장단점에 대한 정보와 지식이 러너들 사이에서 활발하고 오가고, 패션 아이템으로서 러닝화의 역할도 커지면서 러닝화 시장의 경쟁이 뜨거워지고 있습니다. 제일 먼저 눈에 띄는 것은 러닝화계에 독보적인 원탑이었던 나이키의 하락세입니다.

나이키는 코로나 사태를 기점으로 크게 성장해 2021년에 주가가 170달러로 치솟아 최고점을 찍었습니다. 그러나 2024년 현재, 나이키의 주가는 70달러대로 급락했어요. 3년 만에 100달러나 빠진 겁니다. 2024년 5월 말 기준 매출액은 전년 동기 대비 0.3% 상승해 사실상 역성장이 시작되었다는 평가를 받았습니다. 스포츠웨어 업계를 휩쓸던 나이키가 이렇게 위기를 맞은 이유는 무엇일까요?

전문가들은 경쟁 브랜드들이 다양한 시도를 거듭하며 치고 올라오는 가운데 나이키의 대응은 미온적이었던 것을 가장 큰 원인으로 꼽습니다. 신제품 출시, 새로운 라인업 론칭, 기능 업그레이드, 신선한 마케팅 등 여러 방면에서 소비자를 만족시키지 못한 것으로 보입니다.

이러한 하락세에 러닝화 라인이 얼마나 영향을 주었는지는 정확한 수치로 따지기는 어렵지만, 러너들 사이에서 나이키의 인기가 시들해진 건 분명합니다. 예전부터 나이키는 데일리용 러닝화 분야에서 유독 약하다는 후기를 들어왔는데요. 대체 브랜드들이 부상하면서 여러 제품을 경험해본 러너들이 더 이상 나이키를 우선순위에 두지 않기 시작한 겁니다. 게다가 아시아인의 발 모양에 딱 맞지 않아 한국 러너들에게는 적합하지 않다는 단점도 있습니다. 물론, 마라톤계 스타 엘리우드 킵초게 선수를 모델로 내세운 아이코닉한 이미지는 여전히 굳건합니다. 카본화를 비롯한 대회용 러닝화의 기능 역시 뛰어나고요. 하락세를 부정할 수 없어진 지금, 나이키가 어떻게 대처할지도 관심 가지고 지켜볼 만하겠습니다.

떠오르는 러닝화 브랜드 TOP3 모아보기

나이키에게는 위기지만, 러닝화 시장에서 여러 브랜드들이 붐업하고 있는 것은 소비자로서 반가운 일입니다. 시장이 다채롭고 건강하게 나아가고 있다는 뜻이니까요. 최근 한국 러너들에게 특히 각광받고 있는 세 브랜드에 관해 소개해보려 합니다.

첫 번째 브랜드는 아식스입니다. 우리에게도 친숙한 브랜드인데요. 요즘 아식스의 성장세가 심상치 않습니다. 2024년에만 주가가 150%나 올라 시장 전체를 들썩이게 했고, 매출액은 2023년 기준 전년 대비 약 18%가 올랐습니다. 하지만 이번 아식스의 약진에서는 양적 성장보다 질적 성장이 더 돋보입니다.

그동안 아식스의 매출에서는 러닝화가 압도적인 비중을 차지했습니다. 그다음이 축구화나 테니스화 등 달리기 외의 스포츠 기능화였고요. 그런데 이번 성장세에 가장 크게 기여한 것은 일상화와 오니츠카타이거였습니다. 각각 36%와 40%의 매출액 증가를 달성했죠. 다시 말해, 그간 기능화 중심이었던 아식스가 일상화에서도 강점을 보이기 시작했다는 이야기입니다. 브랜드의 모든 포트폴리오가 균형을 이루며 성장하고 있다는 점에서 매우 건강한 흐름이라 할 수 있습니다. 일본 브랜드라는 이유로 국내에서는 저평가된 경향이 있었는데, 아식스 제품들이 동양인에게 최적화되어 있다는 점이 부각되며 선호도가 올라가고 있습니다.

두 번째는 러닝화 시장에서 나이키를 제쳤다는 평가를 받는 호카(HOKA)입니다. 다소 투박하고 개성 강한 디자인으로 혹평받던 호카가 최근 글로벌 스포츠 기업 순위에서 나이키와 아디다스에 이어 3위에 올랐습니다. '편안함'을 최우선에 둔 브랜드 전략이 등산화 시장에서부터 빛을 발하기 시작했고, 러닝화를 비롯한 스포츠화뿐 아니라 일상화 시장에서도 인정받고 있습니다.

실제로 호카를 보유한 데커스는 2022년부터 약 2년 사이에 주가가 260% 성장했습니다. 여기에 호카의 기여도가 상당한 것으로 보이는데요. 호카의 매출액은 2018년 1억 5,000만 달러에서 최근 14억 달러로 늘었습니다. 그야말로 엄청난 기세죠. 이러한 성장에 소비자들의 입소문이 큰 역할을 했다는 것이 흥미롭습니다.

　　마지막 세 번째 브랜드는 온러닝입니다. 아직 국내에는 매장이 없어 이름조차 생소한 분들도 많을 테지만, 러닝계에서는 가장 인기가 높은 브랜드 중 하나랍니다. 스위스 브랜드인 온러닝의 2023년 매출액은 약 18억 달러로 호카보다 많습니다.

　　더 놀라운 것은 이 매출의 상당 부분이 북미와 유럽 지역에서 나온다는 겁니다. 아시아 매출은 5% 미만으로 미미한데요. 그 이유는 아시아에 진출할 생산 여력이 없어서라고 합니다. 공급이 수요를 따라가지 못하는 상황인 거죠. 거꾸로 말하면 앞으로의 잠재력이 막대하다는 의미이기도 합니다. 국내에서도 해외 직구에 리셀 프리미엄까지 붙여가며 온러닝 신발을 구하려고 할 만큼 인기가 커지는 추세입니다.

　　이처럼 러닝화 시장은 기존 브랜드의 변신과 신생 브랜드의 성장으로 한층 재미있어지고 있습니다. 앞으로 또 어떤 이슈가 러닝계를 휩쓸지 궁금하네요.

SPECIALIST's TALK
러닝계의 새로운 문화, 기부런

가수 션이 2023년 한 해 동안 '기부런'으로 약 26억 원을 모금했다고 밝혀 화제를 모았습니다. 그는 기부런 문화를 한국에 안착시킨 장본인이기도 하죠. 2011년 희귀난치병 및 불치병을 앓는 아동들을 위한 어린이 재활병원 건립을 목표로 시작된 그의 '선한 달리기'는 10여 년째 멈추지 않고 있습니다. 루게릭요양센터 건립, 독립유공자 후손 지원 등 목표를 향해 꾸준히 달리는 그의 모습은 많은 사람들의 참여를 이끌어냈습니다.

　　달린 만큼 모금되는 방식의 기부 러닝, 기부 마라톤은 어느새 한국에서 하나의 러닝 문화로 자리 잡았습니다. 션뿐 아니라 여러 지자체와 기업들도 기부런 행사 개최에 나서고 있죠. 그럴 수 있었던 배경에는 한 사람의 영향력만 있었던 것은 아닙니다.

기본적으로 러닝에 대한 사람들의 관심과 선호도가 상승한 것이 컸지만, 기업이 후원하기 좋은 행사라는 점도 주효했어요. 달리기, 특히 마라톤 대회는 특유의 건강하고 긍정적인 이미지가 있습니다. 스스로 한계를 향해 달리는 도전에서 나오는 에너지는 생각보다 강력해요. 이런 이미지는 당연히 기업들의 후원이나 협업으로 이어지기에 유리합니다. 기부런은 개인과 기업, 사회가 선순환 시스템을 구축한 좋은 사례라고 할 수 있습니다.

B주류 추천

서울마라톤   가수 션 추천

서울마라톤, 예전 이름으로 동아마라톤은 100년에 가까운 역사와 전통을 자랑하는 국내 대표 마라톤 대회예요. 국내 대회 중에는 유일하게 세계육상연맹의 인증을 받은 대회이기도 하죠. 달리기 딱 좋은 시기에 개최되고 코스도 좋은 탓에 러너들 사이에서는 '기록 잘 나오는 대회'로 소문나 있기도 합니다. 꼭 기록 때문이 아니라도 서울 곳곳의 아름다움을 두 발로 뛰며 느낄 수 있어 한 번은 경험해보시길 추천해요.

보스턴마라톤   러닝 인플루언서 스톤러닝 추천

국제 마라톤 대회에 참가하고 싶다면 보스턴마라톤을 적극 추천합니다. 1897년에 첫 대회가 열린, 세계에서 가장 오래된 마라톤 대회라는 상징성도 크고, 킵초게 선수가 세계 신기록을 세운 대회라는 이슈도 있지만, 무엇보다 대회 분위기가 정말 인상적이에요. 도시 특성상 대학생들이 많아서 활력이 넘칩니다. 그동안 세계 유명 마라톤 대회들에 많이 참가해봤지만 우뢰와 같은 응원 속에서 달리는 기분은 평생 잊지 못할 것 같아요.

요즘 대세 농구 vs. 전통 강자 야구, 불꽃 튀는 프로스포츠 시장

2024년 3월, 서울 고척스카이돔에서 역사적인 야구 경기가 열렸습니다. 바로 '2024 MLB 월드투어 서울 시리즈'로, MLB(Major League Baseball)가 최초로 한국에서 정규 시즌 개막전을 연 겁니다. 그런가 하면 1990년대 이후 시들해졌던 NBA(National Basketball Association)의 국내 인기가 다시 치솟고 있습니다. 하나투어에서 출시한 'NBA 직관 여행' 상품이 론칭 세 시간 만에 완판되며 이슈가 되기도 했죠. 이에 질세라 KBO는 시즌 최다 관중 수를 계속 경신하더니 지난 9월 드디어 1,000만 관중을 돌파했습니다. 스포츠에 향한 열정이 경기장을 달구고 있습니다. 그 불꽃 튀는 현장 뒤에는 어떤 배경이 숨어 있을까요?

Z세대의 선택을 받은 NBA, 대세로 떠오르다

요즘 대세 스포츠라면 단연 미국 프로농구, NBA입니다. 전설적인 선수 마이클 조던이 은퇴한 이후 꽤 긴 암흑기에 빠졌던 NBA 경기장이 다시 열기와 환호성으로 채워진 데에는 새로운 농구 스타, 스테판 커리의 역할이 컸습니다.

커리는 여러모로 센세이셔널한 선수입니다. 농구선수 치고는 작은 188센티미터의 키에 체구 또한 그리 크지 않습니다. 하지만 그는 신체적 단점을 장점으로 만들었습니다. 빠르고 화려한 드리블을 구사하며 순발력 있게 돌파해 나가다가 먼 거리에서 3점슛을 던지는 플레이스타일은 그의 전매특허입니다. 커리는 센터 포지션 중심으로 파워 농구를 전개하던 기존의 NBA 전술 판도 자체를 바꿔놓았다는 평가를 받고 있습니다. 그가 휙 날린 3점슛이 던지는 족족 골대로 빨려 들어가는 모습은 숨죽여 있던 농구팬들의 가슴에 불을 지르기에 충분했죠. 여기에 르브론 제임스라는 숙명의 라이벌도 있습니다. 2미터가 넘는 거구를 무기로 파괴력 넘치는 농구를 하는 제임스는 커리와는 정반대의 매력으로 관중들을 열광시킵니다. 상반된 스타일의 두 스타플레이어가 코트 위에서 펼치는 승부라니, 흥미진진하지 않을 수가 없습니다.

그도 그럴 것이, 농구는 탁월한 몇몇 플레이어에 좌우되는 경향이 큰 스포츠입니다. 농구를 잘하려면 무엇보다 타고난 신체 조건이 좋아야 합니다. 농구선수에게 큰 키와 탄성 넘치는 근육만큼 강력한 무기는 없죠.

하지만 오늘날 NBA의 인기가 단지 스타플레이어의 실력과 인기에만 기인한 것은 아닙니다. 다시금 전성기를 누리기 위한 NBA의 부단한 노력이 있었기에 가능했습니다. 커리의 등장으로 경기장에 활기가 돌면서 NBA가 주목한 것은 다름 아닌 Z세대입니다. 최근 몇 년 사이 NBA는 이들을 겨냥한 파격적인 시도를 거듭하고 있습니다.

　　가장 대표적인 것은 무려 '룰' 변경입니다. 속도감 있는 게임을 즐기는 Z세대를 사로잡기 위해 경기를 촉진시키는 방향으로 규칙을 바꾼 겁니다. 속도가 빨라지자 훨씬 박진감 넘치는 모습들이 연출되기 시작했습니다. 여기에 커리처럼 장거리 슈팅에 장점을 보이는 선수들이 늘어나면서 역전에 역전을 거듭하는 재미를 더하고 있고요.

　　NBA는 마케팅 측면에서도 무척 적극적인데요. 특히 경기 영상에 대한 저작권 조건을 굉장히 완화하여 눈길을 끌었습니다. 경기 영상을 통째로 가져다 쓰는 것이 아니라면 자유롭게 편집해서 사용하도록 풀어두었어요. 유튜브나 SNS의 파급력을 활용하겠다는 의지로 해석됩니다.

　　농구에는 Z세대에게 어필할 요소가 하나 더 있습니다. 패션입니다. 농구화부터 의류, 가방이나 헤어밴드 등 각종 농구 아이템들이 트렌디한 패션템으로 활용되고 있습니다. 야구와 달리 농구 아이템들은 일상에서도 착용할 수 있어 더욱 인기가 많은데요. 그래서인지 NBA에서는 패션 브랜드와 선수의 스폰서십이 활발히 이뤄지고 있습니다. 나이키는 조던으로 워낙 유명하지만, 그 밖에도 르브론 제임스, 케빈 듀란트 등과 종신 계약을 맺은 상태입니다. 2022년에는 언더아머가 스테판 커리와의 스폰서십 계약을 체결해 화제가 되기도 했죠.

　　그럼, NBA가 이렇게 노력한 결과는 어땠을까요? MLB와 비교해보면 그 변화가 확실히 보입니다. 2001년에는 MLB 매출액이 35억 달러, NBA 매출액이 26억 달러로 MLB에 비하면 약 74% 수준이었는데, 커리와 르브론의 라이벌 구도가 형성된 2010년 이후부터 NBA가 빠르게 치고 올라왔어요. 2023년에는 MLB가 116억 달러, 2022~2023 시즌의 NBA는 106억 달러로 MLB의 약 91% 수준을 기록하며 그 격차가 크게 줄었습니다.

　　더욱 인상적인 건 구단별 평균 영업이익입니다. 마찬가지

로 2010년대를 기준으로 가파른 상승세를 보이는데요. 평균 500만
~600만 달러 선이던 것이 10여 년 사이에 무려 20배 가까이 늘어나
9,000만 달러를 기록합니다.

이때 매출액의 세부 항목을 보면 NBA는 단순히 경기만으로
수익을 올리지 않고 2차 시장을 활발히 운영하고 있다는 걸 알 수 있
어요. 중계권이나 스폰서십 제품 판매, 유튜브 운영 등을 통해 수익
을 다변화하고 있죠. 2021~2022 시즌의 우승팀인 골든스테이트 워
리어스의 경우 영업이익률이 20~30%가량 나옵니다. 기업적 관점
에서 보자면 NBA 구단들은 상당히 건강한 구조를 갖추고 있습니다.

새로운 전성기를 맞이한 농구 시장이지만, 우려되는 지점도
존재합니다. 스테판 커리와 르브론 제임스 이후 다음 인기를 이어갈
스타플레이어가 아직 요원하다는 겁니다. 이런 상태로 두 선수가 은
퇴하게 된다면 다시 기나긴 암흑기를 겪어야 할지도 모를 일이에요.
선수 의존도가 높은 스포츠에 어쩔 수 없이 따르는 한계입니다. Z세
대의 마음을 잡는 데 성공한 NBA가 이 문제를 어떻게 극복해나갈지
귀추가 주목됩니다.

오타니가 전부는 아니지! 무시할 수 없는 MLB의 내공

미국에서 야구는 일상의 일부입니다. 그 역사와 문화가 오래된 만큼
산업적으로도 상당히 탄탄하고 넓게 갖춰져 있죠. 세분화된 리그와
수많은 구단들이 존재합니다. 화제성 면에서는 NBA에 밀리는 느낌
이 없진 않지만 여전히 '근본 스포츠'로서 대중의 사랑을 듬뿍 받고 있
습니다.

뛰어난 신체 능력이 중요한 농구와 달리, 야구는 오랜 훈련을
통한 기술 연마가 중요한 스포츠입니다. 팬들은 선수의 노력과 성장
과정을 지켜보며 응원합니다. 그리고 그 선수가 마침내 '한 방'을 터뜨
렸을 때 모두가 열광하죠. 말하자면 야구는 '스토리'의 스포츠입니다.

하지만 MLB는 그 역사가 깊은 반면, 변화에 소극적이라는 평가를 받아왔는데요. 실제로 시간이 갈수록 '팬덤의 고령화'가 두드러지면서 야구계에 위기론이 일기도 했습니다. 간단히 말해, 젊은이들이 더 이상 야구장을 찾지 않는다는 거죠. NBA로 젊은 층의 관심이 옮겨간 것도 한몫했고요.

그런 MLB가 최근 변화의 움직임을 보이고 있습니다. 대표적인 것이 '피치 클락'의 시범 운영입니다. 투수가 제한된 시간 안에 (주자가 없으면 15초, 있으면 18초) 공을 던지도록 하는 새로운 룰이에요. 경기가 속도감 있게 전개되도록 하기 위한 방침입니다. 투수가 뜸 들이지 않고 공을 던지니 경기가 늘어질 틈이 없겠죠. 실제로 이 룰의 도입 후 평균 경기 시간이 30분가량 줄었다고 합니다. 이외에도 MLB는 코치의 마운드 방문 횟수, 투수 교체 횟수들을 제한했습니다.

이러한 변화는 젊은 세대에게 꽤 효과적이었습니다. 2022년 대비 2023년의 MLB 중계 방송 시청 시간이 9% 정도 증가했는데, 18~24세의 경우 그보다 더 많은 16%가 늘어난 겁니다. 전체 관중수 역시 2022년 6,450만 명에서 2023년 7,070만 명으로 한 해 만에 620만 명이 증가했고요. 야구가 상승세를 타기 시작한 모습입니다.

앞서 살펴본 것처럼 MLB와 NBA를 매출액 기준으로 비교하면, NBA가 무서운 기세로 성장 중이긴 하지만 여전히 MLB가 더 앞서고 있습니다. 그렇다면 두 스포츠 시장에서 기업(구단)이 쓰는 돈, 즉 연봉 상황은 어떨까요?

개별 선수 기준으로 평균 연봉을 계산해보면 NBA 선수들의 평균 연봉이 약 83억 원으로, 약 64억 원인 MLB 선수들보다 많이 받고 있습니다. 하지만 기본적으로 MLB의 선수 수가 훨씬 많죠. 그래서 구단을 기준으로 평균 연봉을 따져보면, MLB는 약 1,656억 원, NBA는 약 1,080억 원으로 MLB가 더 많습니다. 구단당 평균 매출액이 MLB 약 4,600억 원, NBA 약 4,400억 원으로 약 200억 원 정도밖에 차이가 나지 않는데 말이죠.

　　다시 말해 버는 돈은 두 리그가 비슷한데 쓰는 돈은 MLB가 더 많다는 이야기입니다. 때문에 지금의 NBA는 MLB에 비해 지불 여력이 큽니다. 프로스포츠계에서 메인 상품이라고 할 수 있는 선수에 들이는 비용이 적다는 것은 다른 쪽으로 더 투자할 수 있다는 의미이기도 해요. 남는 이익으로 팬 서비스를 강화하거나 굿즈 상품을 더 개발하는 등 다양한 시도를 할 수 있습니다. 그렇게 되면 시장은 더욱 다채로워질 것이고요. 이런 상황에서 MLB는 어떤 카드를 꺼내어 변화를 시도할지 다음 행보가 궁금해집니다.

환율 기준: 달러당 약 1,304원
기준 연도: 2023년

리그별 연봉 수준

구분	MLB	NBA
평균 연봉	490만 달러	639만 달러
팀당 인원 수 (액티브 로스터)	26명	13명
팀 평균 연봉	1억 2,700만 달러	8,300만 달러
팀 평균 매출	3억 6,000만 달러	3억 4,000만 달러
매출 대비 연봉 비율	35%	24%
최저 연봉	72만 달러	83만 달러(신인 기준)

한국에서만큼은 넘을 수 없는 벽, KBO 이야기

미국과 한국의 야구 관람 문화는 사뭇 다릅니다. 미국의 야구장에서는 응원가나 구호는 들려오지 않습니다. 조용하고 진지하게 경기를 관람하는 쪽이랄까요? 반면 한국에서 야구는 시끌벅적한 이벤트입니다. 함께 노래하고 소리치는 독특한 관람 문화에는 한국인 특유의 흥이 넘칩니다. 아버지와 아들이 대를 물려가며 한 팀을 응원하는, 구단과 팬의 끈끈한 관계도 남다르죠. 그래서인지 한국에서는 모든 스포츠 시장을 통틀어 야구 시장이 가장 압도적으로 큰 규모를 자랑합니다.

엔데믹 이후 스포츠계는 전반적으로 상승세를 보이는 중이지만, 그중에서도 야구의 기세는 가히 폭발적입니다. 그 원인을 두고 다양한 분석과 의견이 오가고 있죠. JTBC 야구 예능 〈최강야구〉의 인기, 야구계 역사상 전무후무한 선수 오타니 쇼헤이의 등장, 국내 선수들의 활발한 메이저리그 진출 등등 여러 이유들이 복합적으로 작용된 것으로 보입니다. 가장 드라마틱한 것은 지난 시즌 LG 트윈스의 29년 만의 우승이고요.

숫자로 봐도 KBO의 인기와 상승세는 확연히 드러납니다. 우선 관중 수의 증가 폭은 MLB보다도 큰데요, 2021년 코로나 사태로 120만 명까지 줄었던 것이 2023년에는 810만 명으로 늘어납니다. 코로나 이전인 2019년(720만 명)을 뛰어넘었죠. 그리고 2024년 9월, 마침내 1,000만 명을 돌파하며 KBO의 최고 전성기라는 2017년의 기록(840만 명)을 넘어섰습니다.

그런 KBO에서 현재 가장 뜨거운 감자는 중계권입니다. 티빙이 3년간의 중계권을 1,350억 원에 확보하면서 화제를 모았죠. 기존의 중계권 계약이 연간 200억 원 정도로 이뤄졌던 것에 비하면 2배 이상 올라간 금액입니다. 이로써 KBO 전체 매출에서 중계권이 차지하는 비중이 15~20% 수준으로 늘어날 것이라 예상되고 있습니다.

그동안 지상파 TV 등을 통해 야구를 즐겨왔던 소비자들은 프로야구 중계를 유료로 본다는 것이 조금 생소하게 느껴질 수도 있습니다. 하지만 시장 전체 차원에서는 유료화를 통해 리그는 재정적으로 보다 성장하고 소비자들은 더 질 좋은 스포츠를 경험할 수 있을 것이란 긍정적 평가가 많이 나오고 있습니다.

이 외에도 KBO 내부적으로도 여러 변화가 시도되고 있습니다. MLB에서 시행 중인 피치 클락을 2024년부터 시범적으로 도입했고, 스트라이크를 센서로 인식해내는 스트라이크존 ABS는 정식 도입했습니다. 시대의 흐름에 발맞추려는 노력이 눈에 띕니다.

하지만 KBO에는 한 가지 근본적인 아쉬움이 있습니다. 바로 '재정 자립도'인데요. 한국 프로야구의 특성상 전체 운영비에서 상당 금액을 모기업이 충당하고 있기 때문입니다. 2023년 우승팀인 LG 트윈스를 예로 들어볼까요? LG 트윈스의 2023년 매출액은 820억 원으로, 전년 대비 약 270억 원 늘었습니다. 그런데 이 중 43%가 모기업인 LG 계열사들로부터 발생한 매출입니다. 이런 구조는 구단과 선수들, 팬들을 모두 불안하게 만듭니다. 모기업이 잘나갈 때야 걱정이 없겠지만, 자칫 모기업이 흔들리기라도 하면 그 뒤에 있는 야구 구단은 휘청이고 맙니다.

현재 KBO 구단 중 유일하게 자생적으로 매출을 만들어내 흑자를 내고 있는 구단이 있습니다. 키움 히어로즈입니다. 키움 히어로즈는 야구계 호황에 힘입어 성장한 측면도 있지만, 전체 매출액에서 기타 수입이 차지하는 비중이 꽤 높다는 특징을 가지고 있습니다. 김하성, 강정호, 이정후 등의 선수들을 미국 메이저리그로 보내면서 포스팅(이적료) 수익을 올린 영향이 큰 것으로 추측됩니다.

가능성 있는 선수를 잘 알아보고, 잘 성장시켜 더 큰 리그로 진출시키고, 그렇게 얻은 수익으로 구단은 다음 선수들을 위한 투자를 하는 구조인 거죠. 다른 구단들도 각자의 방법을 찾아내 안정적인 시스템을 구축한다면, 리그 전체가 한 단계 발전할 수 있을 거예요.

SPECIALIST's TALK
농구? 야구? 진정한 원탑은 NFL

미국 스포츠계에서 진정한 거인은 따로 있습니다. 바로 미식축구 리그, NFL(National Football League)입니다. NFL에 비하면 MLB나 NBA는 귀엽게 느껴질 정도랄까요? 일단 NFL은 한 시즌에 총 17경기가 열립니다. 경기 수가 매우 적죠. 그래서 매출액도 경기당으로 계산해서 비교해봤습니다.

2022년 MLB의 경기당 평균 매출액은 58억 원 정도인데, NFL은 약 889억 원으로 무려 15배가량 많습니다. 중계권은 100억 달러(한화 약 13조 원)에 거래되고요. 야구나 농구와는 차원이 다른 규모인 거죠.

NFL 결승전인 슈퍼볼의 인기는 상상을 초월합니다. 경기 관람권 한 장이 1억 원에 거래됐다는 뉴스가 나오는가 하면, 해마다 슈퍼볼 광고와 하프타임 공연까지 화제에 오릅니다. 심지어 슈퍼볼과 대통령 취임식이 겹치면 취임식을 미룰 정도라고 하니까요. 힘과 힘이 원초적으로 맞붙는 스포츠를 현장에서 직관한다면 얼마나 짜릿할까요?

B주류 추천

골든스테이트 워리어스(NBA)   조현일 해설위원 추천

현재 NBA의 가장 핫한 스타, 스테판 커리가 소속된 팀입니다. 2021~2022
시즌의 우승팀이기도 하며, 직전 8년간 6번의 파이널 진출과 4번의 우승을
달성한 팀이기도 하죠. 2000년대 초반까지만 해도 존재감이 없던 팀이지만,
커리와 함께 팀 성적도 인기도 급상승했습니다. 스피드와 센스로 무장한 요즘
농구가 궁금하다면 커리의 경기를 보면 됩니다!

템파베이 레이스(MLB)   이재용 회계사 추천

제가 개인적으로 애정하는 팀입니다. 사심 가득 담아 추천드려요. 위치도
안 좋고 관중도 적어서 가난한 구단이지만 뉴욕, 보스턴 등 역사와 전통을
자랑하는 인기팀들과 붙어도 쉽게 지지 않는 모습을 보다 보면 저절로
응원하는 마음이 솟습니다. 비록 비주류 중의 비주류여도 어떻게든
살아남겠다는 의지가 느껴집니다!

한화 이글스(KBO)   김선우 해설위원 추천

지난 LG 트윈스의 우승을 보며 한화 이글스를 응원하고 싶어졌습니다.
1999년 우승이 마지막이었던 한화 이글스가 올해 팬들에게 새로운 드라마를
선사해줬으면 좋겠어요. 류현진 선수가 돌아온 만큼 기대가 됩니다.

노래하고 춤추고 먹고 즐기는, 형형색색 다채로운 현장

한 번도 안 가본 사람은 있어도 한 번만 간 사람은 없다는 음악
페스티벌, 가보셨나요? 사실, 한국인의 적성에 음악 페스티벌만큼
딱 맞는 이벤트도 없습니다. 노래하고, 춤추고, 먹고, 마시고,
사진 찍는 것이 한 공간에서 모두 가능하니까요.
코로나 사태 이후 한국의 페스티벌 시장은 굉장히 빠르게
확장되는 중입니다. 몇 년의 공백기를 겪으며 페스티벌을 즐기는
사람들이 완전히 달라졌고, 이에 맞춰 시장 전체가 들썩이고 있습니다.
그 변화의 흐름에서 우리는 무엇을 읽어낼 수 있을까요?

갈수록 다채로워지는 국내 음악 페스티벌!
1년 캘린더로 모아보기

음악 페스티벌의 매력은 '체험'에 있습니다. 특정 아티스트의 단독 공연과는 많이 다르죠. 단독 공연에서는 그 아티스트가 준비한 동선과 순서대로 그의 음악과 퍼포먼스의 역량을 아주 깊게 즐긴다면, 페스티벌에서는 그 체험의 영역이 훨씬 넓고 자유롭습니다.

페스티벌 체험은 입장을 위해 대기 줄을 서는 순간부터, 혹은 그 이전부터 시작됩니다. 어떤 무대를 가장 먼저 볼지, 음식은 무엇을 먹을지, 언제 포토존에 방문할지, 어느 후원사의 이벤트존에서 어떤 증정품을 챙길 것인지, 자리를 옮길 거라면 언제 어디로 갈 것인지……. 페스티벌을 즐기는 모든 시간은 관람객이 직접 결정하고 계획할 수 있습니다. 말하자면 개인 맞춤형 경험이 가능한 겁니다.

이런 페스티벌의 특징은 요즘 젊은 세대의 구미를 당기기에 충분했습니다. 이에 더해서 코로나19를 겪으며 관람객의 세대교체가 이뤄졌어요. 코로나 사태 이전에 페스티벌을 경험해본 적이 없는, 신규 관객들이 대거 유입되면서 페스티벌 시장이 활기를 띠고 있습니다. 새로운 페스티벌도 다수 론칭되었고요.

국내 페스티벌 중 계절별로 대표적인 것을 추려보면 우선 봄에는 뷰티풀민트라이프가 있습니다. 5월 초중순에 열리며 페스티벌 시즌의 시작을 알리는 역할을 하죠. 요즘 가장 핫한 페스티벌로 꼽히는 서울재즈페스티벌도 5월에 개최되고요. 페스티벌의 계절이라고 할 수 있는 여름은 좀 더 익사이팅합니다. 국내 록 페스티벌계에서 전통이 깊고, 코어 팬들이 많은 걸로 유명한 인천펜타포트록페스티벌이 한여름인 8월에 열립니다. 물놀이와 음악을 함께 즐길 수 있는 워터밤은 아예 전국 곳곳에서 투어 형식으로 열릴 만큼 인기가 뜨겁습니다.

여름에 펜타포트가 있다면 가을에는 부산국제록페스티벌이

있습니다. 서울재즈페스티벌과 함께 한국 재즈 페스티벌의 양대 산맥으로 불리는 자라섬재즈페스티벌도 같은 10월에 열리고, 올림픽 공원 잔디밭에서 피크닉 하듯이 즐길 수 있는 그랜드민트페스티벌이 그 바통을 이어받습니다. 예전에는 겨울을 페스티벌 휴식기로 봤었는데요, 최근에는 딱히 그렇지도 않습니다. 크리스마스나 새해 맞이를 겨냥한 연말·연초 페스티벌들도 많이 생겼어요. 대한민국은 1년 내내 음악 페스티벌이 열리고 있는 셈입니다.

그런데 최근 페스티벌계에 한 가지 특징이 두드러지고 있습니다. 바로 확고했던 장르성이 흐려지고 있는 겁니다. 록이면 록, 힙합이면 힙합, 명확하게 구분되어 각 장르의 코어 팬들을 불러 모으던 이전과 비교하면 확연히 그렇습니다. 록 페스티벌 무대에 아이돌이 오르는 것이 더 이상 낯설지 않아졌어요.

이에 기존의 페스티벌 팬들은 아쉬움을 내비치기도 합니다. 하지만 이러한 '장르적 연성화'는 국내뿐 아니라 세계적인 흐름이에요. 페스티벌은 매년 반복되는 행사이다 보니 신규 관객을 유치하려면 장르의 확장은 어쩔 수 없는 선택입니다. 페스티벌도 음악계의 대세를 벗어날 수는 없습니다. 예를 들어 록 페스티벌의 경우 록 음악의 인기가 사그라들면서 10여 년간 꾸준히 화제성이 떨어지고 있습니다. 요즘 인기 있는 음악들을 받아들여야 살아남을 수 있는 거죠. 브랜딩의 차원에서는 개별 페스티벌의 색깔이 약해지니 타격이 있을 수밖에 없지만, 수익적 측면에서는 필요한 과정입니다.

그래서 록이든 재즈든 인디 음악이든 중심 장르를 내세우긴 하지만 이전에 해당 페스티벌에 등장한 적 없으면서도 대중적 인지도가 있는 아티스트들을 라인업에 새롭게 포함시키는 것이 요즘 페스티벌들의 트렌드입니다. 대신 중심 장르에서 '근본'으로서 선보일 만한 핵심 아티스트를 꼭 배치하는 것으로 브랜드를 지키려는 모습입니다.

이처럼 페스티벌은 즐거운 이벤트인 동시에 시장의 흐름을 따라야 하는 비즈니스이기도 합니다. 음악 업계에서는 '가장 3D인 종목'이라고 불리기도 하는데요. 음원 산업과는 전혀 다른 라이브 뮤직 비즈니스로서 페스티벌은 어떤 성격을 지니고 있을까요?

라이브 뮤직 비즈니스로서의 페스티벌, 그 현황과 전망

기본적으로 페스티벌 시장은 숫자로 파악하기가 어렵습니다. 공식적인 데이터 자체가 전무하다시피 하죠. 산업화되어 시스템을 갖추려면 리스크와 리턴이 측정되어야 하는데, 페스티벌은 그러기가 쉽지 않기 때문입니다. 페스티벌마다 규모나 성격이 다르고, 워낙 각개전투로 진행되는 측면도 강합니다. 게다가 날씨나 아티스트 컨디션 등 예상할 수 없는 변수들도 산재해 있고요. 그렇다면 이 비즈니스는 도대체 어떻게 운영되고 있는 걸까요?

우선, 페스티벌은 단 며칠의 이벤트를 위해 1년을 준비해야 하는 사업입니다. 대부분의 페스티벌은 그해의 행사가 끝남과 동시에 다음 해의 행사 준비에 돌입하죠. 실제로 해외 페스티벌 중에는 행사 종료와 동시에 다음 행사 티켓 판매를 시작하는 경우도 있습니다. 가장 먼저 준비하는 것은 예산 세팅과 아티스트 섭외입니다. 이어서 조직을 구성하고 홍보 등의 과정을 거친 뒤 실제 페스티벌을 진행합니다.

페스티벌 비즈니스에서 가장 많은 비용이 들어가는 것은 역시 아티스트 섭외예요. 라이브 뮤직에 강한 아티스트는 음원계에서 뛰어난 아티스트와 또 다릅니다. 물론 둘 다 잘하는 아티스트도 있지만, 그를 무대에 세우려면 엄청난 비용이 필요하겠죠. 그래서 페스티벌 라인업을 구상할 때는 퍼포먼스 실력과 인지도의 균형을 잘 맞추는 것이 중요합니다. 페스티벌마다 다르지만 보통 전체 예산의 3분의 1가량이 아티스트 섭외에 쓰입니다. 해외 아티스트를 많이 올릴수록, 또 그 아티스트가 유명할수록 섭외비는 크게 늘어납니다.

아티스트 섭외는 100% 네트워크 중심으로 진행됩니다. 시간과 공이 많이 들어갈뿐더러 업계 정보를 민감하게 팔로우하고 있어야 하죠. 해외 아티스트의 경우 전문 부킹 에이전트가 있습니다. 수문장 역할을 하는 에이전트를 설득해내는 일이 관건이에요.

그렇다면 수익은 어떻게 낼까요? 예술경영지원센터의 자료에 따르면 2023년의 국내 공연 티켓 판매 매출은 1조 2,000억 원으로 코로나 사태 이전을 뛰어넘었습니다(국내 공연에는 페스티벌, 콘서트, 뮤지컬, 클래식 음악, 발레 등 모든 문화 예술 공연을 포함). 그중 축제 항목은 약 460억 원으로 그 비중은 매우 적습니다. 심지어 이는 음악 페스티벌 외에 지역 축제 등 '축제'가 붙는 모든 행사를 합한 숫자입니다.

페스티벌의 손익분기점은 규모나 티켓 가격 등에 따라 천차만별입니다. 일반적으로 관객 수가 1만 명 정도이면 소형, 2~3만 명대이면 중형, 그 이상이면 대형으로 분류합니다. 티켓값은 업계의 통상적인 수준이 설정되어 있고, 소비자의 가격 민감도가 높은 편이기도 해서 쉽게 올리거나 내리기가 어려워요. 다만 이때의 가격 민감도는 절대적인 것이 아니라 페스티벌의 퀄리티나 명성에 따라 상대적으로 적용되곤 합니다. 티켓 외의 수익으로는 F&B, 굿즈, 스폰서십 등이 있는데요. 특히 스폰서십은 양극화가 심해서 페스티벌에 따라 편차가 큽니다.

그렇다면 페스티벌을 기획 운영하는 기업들의 상황은 어떨까요? 서울재즈페스티벌을 운영하는 공연 기획사 프라이빗커브의 2023년 매출액은 186억 원으로 전년 대비 약 45억 원이 늘었습니다. 매출원가율은 77%인데, 이는 아티스트 섭외와 운영, 진행, 대관 비용 등으로 144억 원가량을 썼다는 이야기예요. 영업이익은 약 22억 원으로 공연계에서 나쁜 수준은 아닙니다.

프라이빗커브 손익계약서 요약

출처: ㈜프라이빗커브

구분	2022년	2023년
매출액	141억 원	186억 원
공연 매출	139억 원	184억 원
출연료 매출	1.8억 원	1.1억 원
음원 매출	0.8억 원	0.4억 원
영업이익	27억 원	22억 원
영업이익률	19.1%	12.2%
매출원가율	74.7%	77.4%

　　프라이빗커브의 재무제표에서 눈여겨볼 부분은 자본총계와 선수금입니다. 먼저 자본총계는 마이너스 88억 원입니다. 그 이유는 자본 안에 결손금 항목이 대부분이기 때문인데요, 이는 회사를 설립한 후 지금까지의 총 적자가 88억 원이라는 뜻입니다. 이 엄청난 적자 속에서 회사가 어떻게 운영되는지 궁금하다면 선수금을 보면 됩니다. 페스티벌 비즈니스는 티켓을 미리 팔고 이 돈으로 진행 비용을 충당합니다. 프라이빗커브 역시 선수금이 108억 원 정도 있는 상황이에요. 영업이익 22억 원이 마냥 기쁠 수는 없는 상태입니다.

　　한편, 뷰티풀민트라이프와 그랜드민트페스티벌을 기획하는 MPMG의 재무제표는 꽤 독특합니다. 2023년에 매출액 200억 원에 영업이익 2억 원을 올렸습니다. 이것만 보면 프라이빗커브에 비해 실적이 다소 아쉽죠. 그런데 뜻밖에도 보유 중인 현금과 단기매매증

권을 합쳐서 약 115억 원을 가지고 있는데요. 이 회사는 선수금도 7억 원밖에 없는 것으로 보아 약 100억 원 수준의 현금 여유가 있는 것으로 보입니다. 이는 MPMG가 공연 수입뿐만 아니라 인디 뮤지션들의 소속사로서 음원이나 매니지먼트 사업 등을 운영하며 수익 다변화를 위해 노력해온 결과이기도 하고요.

　　더불어 공연을 진행하기 어려웠던 코로나19 기간에는 보유하고 있던 자금을 활용해 투자 수익도 쏠쏠하게 가져오기도 했습니다. 불확실성으로 가득한 페스티벌계에서 수익 다변화라는 새로운 방안을 시도했다는 점에서 MPMG의 사례는 긍정적으로 보입니다.

MPMG 손익계산서 요약

단위: 원
출처: ㈜엠피엠지

과목	2022년	2023년
매출액	150억 원	208억 원
공연 수입	110억 원	153억 원
음원 수입	14억 원	15억 원
기타 수입	26억 원	39억 원
영업이익	-20억 원	2.6억 원

코첼라페스티벌로 보는 해외 페스티벌

해외, 특히 미국과 유럽에는 오랜 전통과 다양한 특색을 자랑하는 페스티벌이 참 많습니다. 그중 대표적인 예로 코첼라페스티벌이 있습니다. 한국 아이돌 그룹들이 연달아 메인 헤드라이너로 무대에 올라 국내에서도 화제가 됐죠.

　　코첼라 밸리는 미국 캘리포니아주 인디오의 사막지대에 위치해 있습니다. 화려한 페스티벌과는 거리가 멀어 보이는 곳이죠. 하지만 해마다 4월이 되면 이곳에 놀라운 풍경이 펼쳐집니다. 엄청난 규모와 최첨단 장비, 휘황찬란한 조명으로 무장한 초대형 페스티벌의 장이 조성되는 겁니다.

　　흔히 '코첼라'라고 줄여서 부르는 코첼라페스티벌의 정식 명칭은 코첼라밸리 뮤직앤아츠 페스티벌(Coachella Valley Music and Arts Festival)입니다. 정식 이름에서도 알 수 있듯, 코첼라페스티벌은 원래 음악과 아트를 모두 즐기는 컨셉이었습니다. 시간이 흐르며 음악 쪽으로 많이 기울었지만, 지금도 코첼라 현장에서는 설치미술 작품 등 여러 예술 작품들을 만나볼 수 있어요.

　　사실 코첼라는 즐기기 만만한 페스티벌이 아닙니다. 사막 한복판에서 열리는 탓에 환경도 불편하고 숙소도 마땅치 않습니다. 하지만 도심과 떨어져 있다 보니 보통의 페스티벌과 달리 밤새도록 공연이 가능하다는 장점도 있죠. 무엇보다 코첼라는 대중적이고 화려한 출연진 라인업으로 유명합니다.

　　코첼라페스티벌의 라인업은 2010년을 전후로 더욱 다채로워졌습니다. 이 무렵에 유튜브를 통한 온라인 라이브 중계도 시작했어요. 햇빛이 내리쬐는 드넓은 모래사막에서 수많은 사람들이 모여 공연을 즐기는 모습은 세계적으로 큰 인상을 남겼습니다. 이를 기점으로 코첼라의 인기가 폭발적으로 치솟았어요. 코첼라는 음악계의 변화를 빠르게 잡아내서 받아들이고 트렌드에 발맞춰 변화하는 데 주저함이 없습니다.

　　다른 글로벌 페스티벌에 비해 K-팝 아티스트들을 상대적으로 빠르게 무대에 올린 것도 이러한 맥락에서 이해할 수 있습니다. 2023년 한국 아티스트 최초로 메인 무대의 헤드라이너가 된 블랙핑크나 2024년의 르세라핌, 에이티즈 등 아이돌 그룹이 초청받으며 이슈가 됐지만, 꼭 아이돌 그룹들만 부른 것도 아닙니다. 에픽하이, 잔나비, 혁오, 윤미래, 타이거JK 등 다양한 한국의 가수들이 코첼라를 거쳐 갔습니다.

코첼라페스티벌의 공연료는 정확히 공개된 바 없지만, 주말 헤드라이너의 경우 하루에 50억~70억 원의 공연료를 받는다고 알려져 있습니다. 서브 헤드라이너가 10억 원 안팎을 받고요. 출연하는 가수들의 출연료만 합쳐도 어마어마할 텐데, 벌어들이는 돈은 더욱더 어마어마합니다. 2023년 코첼라페스티벌의 매출액은 무려 1,500억 원이었습니다. 관객 수는 50만 명이 넘었습니다. 그 결과 지역경제에 1.5조~2조 원가량 기여했을 것으로 추정됩니다.

그런데 2024년 코첼라페스티벌의 티켓이 오픈된 2023년 6월, 예상치 못한 상황이 벌어졌습니다. 그전 해에만 해도 몇 시간 만에 매진되던 티켓이 한 달이 다 되어가도록 다 팔리지 않은 겁니다. 전문가들은 국내뿐 아니라 세계적으로 봤을 때도 페스티벌계에 폭발적인 인지도와 화제성을 갖춘 아티스트가 없고, 취향이 파편화되면서 관객도 파편화되었기 때문으로 추측하고 있습니다. 그동안 업계의 변화에 기민하게 움직여온 코첼라가 새로운 흐름에 어떻게 대응할지, 그것을 국내 페스티벌계에서는 어떻게 활용할 수 있을지 예의주시해야 할 때입니다.

SPECIALIST's TALK
한국에서만 가능한 페스티벌이 있다?
DMZ 피스트레인 뮤직페스티벌

2024년에 5회차를 맞이하는(코로나 기간인 2020~2021년에는 미개최) 'DMZ 피스트레인 뮤직페스티벌'은 전 세계에서 유일하게 한국에서만 열릴 수 있는 페스티벌입니다. 이름에서 알 수 있듯, DMZ가 있는 강원도 철원군에서 열리거든요. 기획 취지에 '한반도의 평화와 화합'을 내세우는 페스티벌이라니 범상치 않습니다.

역사가 깊지 않은 신생 페스티벌임에도 이미 업계에서, 또 '페스티벌 좀 다녀봤다' 하는 페스티벌 애호가들 사이에서는 DMZ 피스트레인 페스티벌이 화두입니다. 우선, 라인업이 예측 불가능하면서도 탄탄하고, 그래서 재미있습니다. 2024년 공연에서 강렬한 사운드의 메탈 밴드 미역수염과 〈젊은 그대〉로 유명한, 데뷔 46년 차의 김수철을 라인업에 함께 올린 것만 봐도 알 수 있죠.

또 DMZ 피스트레인 페스티벌만의 자유로운 분위기도 큰 매력입니다. 입구 앞에 조성된 분수대, 일명 '분비자'에서부터 남의 시선 신경 쓰지 않고 춤을 추는 사람들, 군인들과 지역 어르신들이 함께 만드는 독특한 조화로움, 한탄강을 끼고 있는 천혜의 환경이 어우러진 풍경은 글로 읽는 것만으로는 상상하기 어려울 정도예요. 나아가 지역 상생을 모토로 삼고 실천하고 있다는 것 역시 국내 페스티벌들에 좋은 예시가 되고 있습니다.

B주류 추천

인천펜타포트록페스티벌   김윤하 대중음악 평론가 추천

1999년에 '트라이포트록페스티벌'이란 명칭으로 출발한
펜타포트록페스티벌은 우리나라에서 가장 역사가 깊은 페스티벌 중
하나입니다. 록 페스티벌의 최전성기를 누리며 수많은 '락페덕후'들을
양산해낸 근원지예요. 최근에는 워낙 다양한 페스티벌이 많지만, 페스티벌
애호가라면 역시 '근본'을 한 번쯤은 경험해봐야 하지 않을까요?

프리마베라사운드   이수정 페스티벌 예술감독 추천

6월 초의 스페인 바르셀로나에서 열리는 프리마베라사운드는 해마다 하루에
5만 명 이상의 인파가 몰리는 대형 페스티벌입니다. 코첼라가 대중성의
끝판왕이라면 프리마베라는 힙함, 트렌디함의 끝판왕이라고 할 수 있어요.
실력과 가능성을 갖춘 아티스트들을 기가 막히게 찾아내 무대에 올리는
것으로 유명하답니다. 그래서 업계 종사자들도 프리마베라의 라인업에
주목하고요. 만약 스페인 여행을 준비하신다면 6월의 바르셀로나에서
트렌디한 음악을 즐겨보시는 것도 좋은 추억이 될 거예요.

베이커리

와인

라면

커피

디저트

Chapter4.

음식

'빵플레이션'이 전부는 아닌 K-빵 마켓

'빵플레이션'이란 말, 들어보셨나요? '빵'과 '인플레이션'을 합친
단어로, 말 그대로 빵 가격이 급격하게 상승하는 현상을 가리킵니다.
이런 신조어가 생길 만큼 최근 부쩍 비싸진 빵값이 화두인데요.
관점을 조금 달리 해서 보면 빵값이 가계에 영향을 미칠 정도로 빵이
우리의 일상 깊숙이 들어왔다는 것을 의미하기도 합니다.
그렇다면 한국빵, 'K-빵' 시장은 어떻게 흘러가고 있을까요?

한국 빵값이 전 세계 6위라고?

빵플레이션은 한국뿐 아니라 전 세계적으로 일어나고 있습니다. 코로나 사태와 기후변화의 여파가 주된 원인이죠. 그런데 왜 유독 우리나라에서만 특히 더 문제인 것 같을까요? 이유는 간단합니다. 실제로 우리나라 빵값이 유독, 특히, 더 비싸기 때문입니다. 소비자들이 체감하는 '비싼 빵값'이 단지 기분 탓은 아니라는 이야기입니다.

글로벌 통계비교 사이트 넘베오(Numbeo)에 따르면 2023년 기준 한국의 식용빵 한 덩이(500그램) 가격은 2.83달러로 전 세계에서 여섯 번째로 높았습니다. 통계청에서는 2022년 대비 2023년의 빵 물가상승률이 9.5%라고 발표하기도 했고요. 이는 전체 소비자 물가상승률(3.6%)의 2배를 훌쩍 넘긴 수준입니다. 한국 빵값,

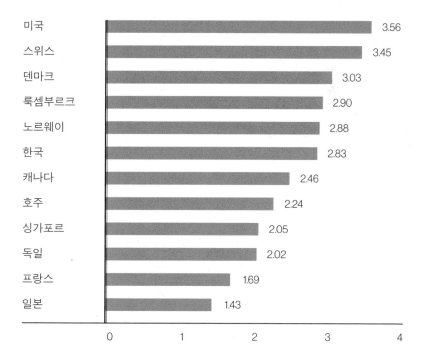

단위: 달러
기준: 일반 식빵(White bread) 500g
출처: 넘베오

세계 빵 가격 순위

국가	가격
미국	3.56
스위스	3.45
덴마크	3.03
룩셈부르크	2.90
노르웨이	2.88
한국	2.83
캐나다	2.46
호주	2.24
싱가포르	2.05
독일	2.02
프랑스	1.69
일본	1.43

도대체 왜 이렇게 오르는 걸까요?

첫 번째 이유는 원자재 가격입니다. 대부분의 빵에는 우유와 버터가 필수적으로 들어갑니다. 그런데 우리나라의 우유와 유제품은 좀 비싼 편이죠. 그럴 수밖에 없는 것이, 유럽이나 미국, 호주 등과 한국의 낙농업은 환경과 구조 자체가 다릅니다. 한국은 좁은 공간에서 효율적으로 젖소들을 사육해야 합니다. 더위와 추위를 모두 커버할 수 있는 관리 시스템을 갖춰야 하니 시설비가 많이 들고, 사료값도 적지 않죠. 드넓은 목초지를 기반으로 대규모 농장들이 운영되는 서양보다 비용이 훨씬 많이 필요하고 생산량에 한계가 있습니다. 그래서 전염병이나 자연재해 등으로 공급에 차질이 조금이라도 생기면 바로 우유 가격이 폭등하는 겁니다. 또 다른 필수 재료인 계란 역시 비슷한 상황이고요.

게다가 국내에서 빵이 대중화되며 빵의 퀄리티에 대한 소비자들의 기준이 높아지면서 수입 재료를 사용하는 경우가 최근 부쩍 늘었습니다. 거리를 다니다 보면 베이커리 매장 앞에 프랑스산 밀가루나 버터를 사용했다는 입간판이 세워져 있는 것을 그리 어렵지 않게 볼 수 있습니다. 안 그래도 기본 재료들이 좀 비싼 편인데, 수입 재료까지 쓰니 빵값이 오르는 것이 어찌 보면 당연하기도 합니다.

두 번째 이유는 우리에게 빵은 주식이 아니라는 겁니다. 아무리 한국 사람들이 빵을 많이 즐기게 되었어도 유럽인들처럼 매일 삼시 세 끼 빵을 먹고 살지는 않죠. 그래서 똑같은 빵집이어도 프랑스 빵집과 한국 빵집은 회전율이 다를 수밖에 없습니다. 나아가 빵이 주식인 나라에서는 정부 차원에서 빵값을 조절합니다. 우리나라에서 쌀이나 라면 가격을 통제하는 것처럼요. 한국과 서양은 빵을 바라보는 관점이 전혀 다릅니다. 이런 사실들을 알고 나면 한국 빵값이 프랑스의 3배라고 해도 이해가 조금 됩니다.

한국 베이커리 업계의 양대산맥,
파리바게뜨와 뚜레쥬르

우리의 주식도 아니고 가격도 계속해서 오름에도 불구하고 우리는 꿋꿋하게 빵을 먹습니다. 빵플레이션을 외치며 빵값의 상승에 민감하게 반응하고 우려하는 건 그만큼 빵이 우리의 식생활에서 중요해졌기 때문일 거예요. 실제로 해외에서 'K-빵'이라고 부를 정도로 한국만의 독자적인 빵 문화가 만들어지고 있습니다. 미국과 유럽 등으로 역수출되어 판매되고 있기도 하고요. 그렇다면 우리의 빵 산업, 베이커리 비즈니스는 얼마나 성장했고, 또 어떻게 운영되고 있을까요?

한국의 베이커리 비즈니스를 이야기하려면 파리바게뜨와 뚜레쥬르를 빼놓을 수 없습니다. 시장조사업체 유로모니터에 따르면 2013년 약 3조 7,000억 원 규모였던 국내 베이커리 시장은 2020년 4조 2,800억 원대로 성장했습니다. 아직 통계가 나오지는 않았지만, 2023년에는 4조 5,000억 원을 돌파할 것으로 예상되고요. 그중에서 파리바게뜨가 약 2조 원, 뚜레쥬르가 약 6,000억 원을 차지합니다. 둘을 합치면 절반이 넘는 셈입니다.

하지만 두 브랜드의 재무제표를 보면 운영이 순탄해 보이지는 않습니다. 두 브랜드를 운영하는 파리크라상과 CJ푸드빌의 2023년 영업이익은 각각 0.99%와 3.1%로 일반적인 업종에 비하면 낮은 편입니다. 원가율이 아주 높은 편은 아니지만 프랜차이즈 본사이다 보니 마케팅비와 인건비, 운영비, 운반비 등등 가맹점을 운영하고 관리하는 비용이 상당하기 때문인 것으로 분석됩니다. 그렇다면 상품 판매가를 올리면 되지 않느냐 싶지만 그것도 쉽진 않습니다. 이미 빵값이 오를 만큼 올라 소비자들이 수용할 수 있는 상한선에 다다랐거든요. 판매비와 관리비는 계속 오르는데 상품 가격을 올릴 수는 없는 겁니다.

게다가 신규 출점도 막막합니다. 이미 국내에서는 수도권,

파리크라상 vs. CJ푸드빌 재무제표 비교 기준 연도: 2023년

구분	파리크라상	CJ푸드빌
매출액	2조 84억 원 매출성장률 1.2%	7,011억 원 매출성장률 9.2%
영업이익	199억 원	214억 원
영업이익률	0.99%	3.1%

지방 할 것 없이 파리바게뜨와 뚜레쥬르 지점이 없는 곳이 없으니까요. 기업 입장에서는 난감한 상황입니다.

해외로 역수출되는 K-빵, 과연 그 성적은?

자연스럽게 두 기업은 해외시장으로의 영역 확장을 도모합니다. 파리바게뜨의 경우 2004년 중국 상하이에 첫 해외 매장을 열었고, 2014년에는 국내 브랜드 최초로 파리 매장을 론칭해 화제를 모았습니다. 이후 영국, 이탈리아, 미국 등 공격적으로 해외 법인을 내어 최근에는 필리핀까지 총 11개국에 진출해 있는 상태입니다. 매장 수로는 570여 개 정도 되고요. 뚜레쥬르 역시 2004년 미국 진출을 시작으로 캐나다, 인도네시아, 베트남 등 해외 매장 론칭에 적극적으로 나서고 있습니다. 2023년까지 약 400여 개의 해외 매장을 열었고, 2030년까지 미국 내 매장 1,000점 확보를 목표로 삼고 있죠. 두 기업의 활발한 행보에 힘입어 글로벌 시장에서 K-베이커리 인지도도 계속 높아지는 추세입니다.

그럼 두 기업이 해외로 뻗어나간 지 20년인 지금, 그 성과는 어떨까요? 먼저 파리바게뜨를 운영하는 파리크라상의 경우, 해외시장에서 고전하고 있는 모습입니다. 미국, 중국, 베트남, 싱가포르 4개국에 해외 법인이 있는데 각 기업 매출액의 합계는 2023년 기준 약 5,649억 원이지만, 당기순손실의 합계는 마이너스 115억 원으로 꽤 오랜 시간 적자를 벗어나지 못하고 있습니다.

반면, 뚜레쥬르는 패나 승승장구 중인데요. 한국 시장에서는 파리바게뜨에 밀려 2인자의 꼬리표를 떼지 못하고 있는 것과 달리, 미국, 베트남, 인도네시아 해외 법인 당기순이익 합계로 약 165억 원을 기록했습니다. 본사의 당기순이익이 2023년 기준 약 171억 원이므로, 해외 법인이 본사에 비해 불과 4분의 1 수준의 매출로 거의 비슷한 이익을 내고 있으니 아주 좋은 상황이라고 볼 수 있죠.

두 기업의 상반된 해외 진출 성적표를 두고 전문가들은 비즈니스 전략의 차이가 이런 결과를 낳은 것이라 분석합니다. 파리바게뜨는 해외시장에 나서며 'K-베이커리의 현지화'에 중점을 두었습니다. 실제 파리바게뜨 파리 매장에 가보면 판매 중인 빵들이 한국 파리바게뜨와는 사뭇 다릅니다. 현지인의 입맛에 맞춰 현지 제빵사들이 현지 기술로 만든 제품들이죠.

이와 달리 뚜레쥬르는 'K-베이커리의 고급화'에 초점을 맞췄습니다. K-베이커리 특유의 아기자기함을 내세워 프리미엄 베이커리로 접근했고, 대규모 매장을 열어 쾌적한 공간을 제공합니다. 이러한 전략이 K-팝, K-드라마, K-무비 등의 열풍과 맞물려 시너지를

CJ푸드빌 해외시장 매출

단위: 원
기준 연도: 2023년

구분	CJ푸드빌 (뚜레쥬르 포함)		
	본사	해외 법인	국내외 합계
매출액	7,011억	1,696억	8,707억
당기순이익	171억	165억	336억

낸 것으로 보입니다. K-빵을 구매하는 해외 소비자들의 니즈를 읽는 면에서는 뚜레쥬르가 한발 앞선 것 같네요.

작지만 강하다! 새로운 플레이어로 떠오른 로컬 빵집

국내 베이커리 업계의 두 강자 외에도 우리의 눈길을 끄는 새로운 플레이어가 있습니다. 바로 로컬 빵집입니다. 가장 대표적인 주자로 성심당이 있습니다. 대전 여행의 필수 코스로 불리는 자타 공인의 핫플레이스죠. 대전 내에서만 매장을 운영하는 것을 사업 신조로 삼고 있어, 대전에 가야만 성심당의 빵을 살 수 있기 때문입니다.

실제로도 성심당은 꾸준한 성장세에 있습니다. 성심당을 운영하는 주식회사 로쏘의 재무제표를 보면 2023년의 성심당 매출액은 1,243억 원으로, 전년 대비 52% 정도 증가했습니다. 대전에서만 영업하는 회사라는 것을 감안하면 규모와 성장률이 엄청난 편이고, 영업이익률 역시 25.3%로 파리바게뜨나 뚜레쥬르보다 월등히 높습니다.

재미있는 것은 매출 대비 원가율인데요, 성심당의 원가율은 약 57%로 대기업인 파리크라상(53%)과 큰 차이가 나지 않습니다. 여기서 주목해야 하는 것은 파리크라상은 프랜차이즈라는 점입니다. 파리크라상의 매출은 개별 소비자에 대한 매출이 아닌 가맹점주들을 대상으로 한 매출이죠. 예를 들어 파리크라상의 매출이 2조 원이라면 실제로 소비자들이 파리바게뜨 매장에서 쓴 돈의 총액은 3~4조 원쯤 됩니다. 그런 프랜차이즈 기업과 직영 회사인 성심당의 원가율이 비슷하다는 건 무엇을 의미할까요? 쉽게 말해 성심당이 재료에 돈을 많이 쓴다는 뜻입니다. 나아가 이렇게 높은 재료비를 감당하면서도 성장세를 유지할 수 있는 건 그만큼 많이 팔고 있다는 뜻이고요.

성심당 외에도 최근 로컬 빵집에 대한 관심이 갈수록 뜨겁습니다. SNS를 중심으로 '서울 N대 빵집'이나 '△△시에 방문하면 꼭

가야 하는 빵집 TOP3' 같은 콘텐츠들이 다양하게 생산·소비되는 것만 봐도 알 수 있죠. 이런 흐름은 커피 시장과 무척 유사합니다. 프랜차이즈 커피를 소비하면서 커피 맛에 어느 정도 익숙해진 사람들이 개인 카페나 스페셜티 커피를 찾게 되는 것처럼, '빵 좀 먹어봤다'는 한국인들이 차별화된 맛을 원하기 시작한 겁니다. 국민소득이 올라가고 입맛이 고급화된 것도 물론 영향을 주었고요.

이런 전반적인 상황에 비추어 볼 때, 한국 베이커리 시장은 계속 성장해나갈 것으로 기대됩니다. 그동안의 K-빵 마켓이 프랜차이즈 중심으로 전개되며 빵의 일상화를 이끌었다면, 앞으로는 특색 있는 로컬 빵집들이 부상하며 다양화와 고급화의 방향으로 나아갈 것이라 예상되고요. 전체 시장에서 대기업이 차지하는 비중이 어떻게 달라지는지 주목해본다면 향후 한국 베이커리 시장이 어떻게 발전할지 전망하는 데 도움이 될 겁니다.

SPECIALIST's TALK
프랑스에 프랜차이즈 빵집이 별로 없는 이유

프랑스에도 프랜차이즈 빵집이 있기는 합니다. 하지만 프랑스인들이 자주 찾지는 않는데요. 프랑스의 전체 베이커리 시장에서도 프랜차이즈의 비중은 20% 정도로 추정됩니다. 한국은 절반이 훌쩍 넘는데 말이죠.

이 차이는 두 나라의 문화 차이에 기인합니다. 새로운 문화에 열려 있고 유행에 민감하며 트렌드가 쉼 없이 바뀌는 한국과 달리, 프랑스는 오래되고 익숙한 것을 선호하며 전통에 큰 가치를 둡니다. 프랑스에서 가장 자산이 많다는 부호가 아직도 1세대 아이폰을 사용 중인 것이 목격되어 이슈가 되었을 정도예요.

그런 문화 속에서는 6개월마다 직원이 바뀌는 프랜차이즈 빵집이 아닌 몇 대째 이어서 운영하는 동네 빵집을 선호하는 것이 당연합니다. 나의 할머니와 어머니가 아침마다 들르던 빵집에 나도 가서 오늘 아침식사로 먹을 바게뜨와 크루아상을 사는 것, 그러면서 이웃 간의 소소한 일상을 나누는 것에서 즐거움과 의미를 얻죠.

B주류 추천

뒤팽에데지데   방송인 파비앙 추천

프랑스에는 한국과 같은 맛집이나 핫플 개념이 없어요. 그냥 어제 갔던 동네 빵집에 오늘도 가고 내일도 가는 식이죠. 파리의 맛있는 빵집들은 한국인들이 더 잘 아는 것 같아요. 그래도 파리에서 나고 자란 입장에서 한 곳을 추천하자면, '뒤팽에데지데(Du Pain Et Des Idees)'를 꼽겠습니다. 이미 한국에서도 유명한 곳이라서 아시는 분도 많을 거예요. 그래서 가면 꼭 줄을 서야 한다는 단점도 있습니다. 그래도 파리에 간다면 뒤팽에데지데의 시그니처 달팽이 빵은 꼭 드셔보길 바라요.

달고 시고 떫고 향긋한 와인 비즈니스의 낭만

소주와 맥주 양대산맥으로 구분되던 국내 주류계에 새롭게 떠오른 신흥 강자가 있습니다. 코로나 사태와 함께 불어닥친 '홈술' 열풍의 중심, 와인입니다. 실제로 우리나라의 연간 와인 수입량이 2019년 약 4만 3,000톤에서 2021년 약 7만 6,000톤으로 급증하는 등 국내 와인 시장이 단기간에 크게 성장하며 주목받았지요. 팬데믹 종식 후에도 그 인기가 여전한지, 달라졌다면 어떻게 달라졌는지 그 복잡다단하고 어려우면서도 어쩐지 끌리는 세계로 들어가 볼까요?

프랑스가 수영장 100개 분량의 와인을 폐기하고 있다

최근 눈길을 끈 충격적인 기사가 하나 있는데요, 지난해 세계적인 와인 산지인 프랑스에서 약 6,600만 갤런의 와인을 폐기했다는 내용입니다. 올림픽 규격의 수영장을 무려 100개나 채울 수 있는 분량이라고 합니다. 도대체 어떻게 된 일일까요?

물론, 그 엄청난 양의 와인을 100% 버린 것은 아니고 정부 방침과 지원 아래 일부는 증류하여 브랜디나 향수, 소독용 알코올로 재생산하는 방식입니다. 이미 숙성된 와인 폐기뿐 아니라 8월 수확철을 앞둔 포도밭을 갈아엎기도 했습니다. 코로나 사태 때 정점을 찍었던 글로벌 와인 시장이 하락세를 보이면서 수요가 줄었는데, 프랑스 포도 농가는 전에 없던 풍작으로 공급이 크게 늘어날 것이기 때문이에요. 자국 와인에 대한 자부심이 큰 프랑스가 생산 증가로 가격을 낮추는 대신 공급량 관리에 나선 겁니다.

실제로 프랑스의 와인 소비량이 크게 줄긴 했습니다. 2000년대 초반 프랑스의 1인당 연간 와인 소비량이 57리터가 넘었는데,

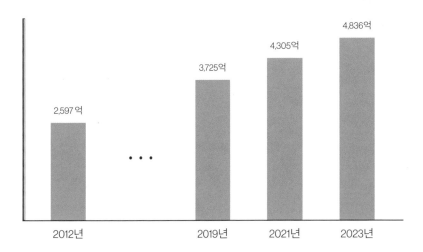

세계 와인 시장 규모

단위: 달러
출처: 농림축산식품부, 한국농수산식품유통공사

2,597억 (2012년)
3,725억 (2019년)
4,305억 (2021년)
4,836억 (2023년)

최근에는 38리터로 30% 이상 줄어들었습니다. 글로벌 시장 상황도 크게 다르지 않습니다. 감소세가 가파르진 않지만 세계 연간 와인 소비량은 꾸준히 줄어드는 중입니다.

흥미로운 건 소비량은 줄고 있는데 시장 규모는 일관된 우상향 그래프를 보이는 중이라는 사실입니다.

여기서 와인 산업의 양극화를 짐작할 수 있어요. 와인이 대중화되면서 저렴한 와인들이 많아진 한편, 고급 와인에 대한 수요도 점점 더 커지고 있다는 겁니다. 그러면서 1만 원대 편의점 와인부터 와이너리에 회원으로 등록해 직매하지 않으면 구할 수 없는 초고급 빈티지 와인까지 광범위한 시장이 형성된 거죠.

낭만으로 가득한 와인 비즈니스

사실 와인 비즈니스는 말하자면 '낭만 비즈니스'입니다. 이익 창출만을 목적으로 뛰어들기에는 쉽지 않은 업계죠. 기본적으로 와인은 얼마를 투입하면 얼마를 벌 수 있는지가 명확하지 않습니다. 변수가 너무 많으니까요. 그해 날씨부터 인력들의 기술, 와이너리의 브랜드 가치 등이 상품의 상태와 가격에 영향을 미칩니다. 게다가 업계 관련 정보들을 구하는 것도 어렵고요.

와인 기업 중에는 상장 기업이 많지 않은 것 역시 이와 관련이 깊습니다. 상장을 하려면 연간 매출액이 수백억에서 수천억 원은 되어야 하는데, 수요가 많지 않은 천만 원대 고급 와인만으로는 이를 달성하기 어렵죠. 그래서 저가 와인부터 고급 와인까지 상품군을 두루 갖춰야 합니다. 그러나 소규모 와이너리 단위로 파편화된 것이 일반적인 와인 업계에서 그럴 수 있는 회사는 적을 수밖에 없습니다.

동시에 상장 여부 혹은 주가와는 관계없이 어느 정도 자리를 잡으면 굉장히 안정적으로 운영되는 것도 와인 회사의 특징입니다. 양질의 토양과 그에 적합한 나무, 오랜 노하우만 뒷받침된다면 일정한 수익을 꾸준히 내기 때문에 오히려 상장이나 확장의 필요성을 덜 느낄 가능성도 있습니다.

이런 가운데 새롭게 와인 업계에 발을 들이는 곳들이 있습니다. 바로 루이비통으로 대표되는 LVMH나 구찌로 대표되는 케링그룹과 같은 럭셔리 브랜드들인데요. 이미 럭셔리 상품 유통망을 갖추었으면서 탄탄한 자본력을 갖춘 이들 브랜드로서는 와인만큼 괜찮은 아이템도 없겠죠. 럭셔리 브랜드의 기존 고객군과 와인의 소비층은 겹치는 부분이 많습니다. 따라서 새로운 아이템을 시도하면서도 마케팅 비용은 절감할 수 있는 겁니다. 대단한 수익을 목표로 하는 것이 아니라, 와인이 지니는 고급 문화의 이미지를 가져오는 차원에서 접근하는 럭셔리 브랜드들의 행보는 상당히 흥미롭습니다.

와이너리 인수에 나선 한국의 대기업들

앞서 언급한 것처럼, 국내 와인 시장은 코로나19를 기점으로 대폭 성장했다가 현재 하향세로 들어섰습니다. 다만, 단기간에 워낙 크

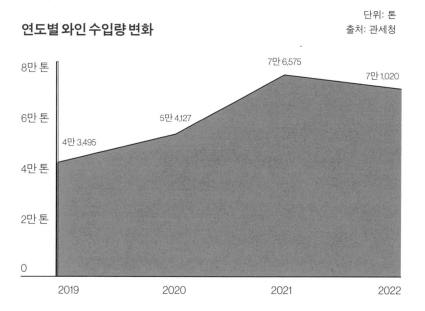

연도별 와인 수입량 변화

단위: 톤
출처: 관세청

게 성장했기 때문에 이 하향세를 마냥 부정적으로 보기는 어려울 듯해요. 팬데믹이 종식되었고, 위스키나 하이볼, 전통주 등 다양한 주류들이 새롭게 인기를 끌면서 와인 시장의 성장 동력이 다소 주춤한 상황이에요.

그런데 최근, 한국의 몇몇 유통 대기업들이 해외의 와이너리를 인수하고 있습니다. 이미 유통 채널이 확보되어 있기 때문에 이를 토대로 와인이란 고급스럽고 낭만적인 아이템에 손을 뻗고 있죠. 한국은 와인 시장이 형성된 지 그리 오래되지 않아서 직접 해외에 땅을 매입하고, 포도를 재배하고, 와인을 생산하여, 판매까지 하기에는 무리가 있습니다. 그래서 그런 요소들이 갖춰진 기존 와이너리 인수에 관심을 가지는 겁니다.

그 대표적인 예로 신세계가 있습니다. 지난 2022년 신세계 계열인 신세계프라퍼티가 미국의 와이너리 셰이퍼 빈야드를 인수했습니다. 미국에서 와인 좀 산다 하는 사람들이면 누구나 알 법한 유명 와이너리죠. 한화 역시 2022년에 미국 소재의 와이너리, 세븐스톤즈를 인수했고요. 두 곳 모두 지금까지의 실적은 그리 좋지 않아 대기업만의 새로운 전략이 필요해 보입니다. 어쨌든 소비자 입장에서 국내 유수의 유통사들이 와이너리의 인수와 와인 유통에서 치열하게 경쟁한다는 건 긍정적인 신호로 받아들일 수 있어요.

마트와 편의점에서 알아보는 와인 산업의 미래

국내 시장에서 그동안 와인을 취급했던 백화점이나 호텔, 양식 레스토랑, 와인 전문 숍 등 외에 최근 빠르게 자리 잡고 있는 와인 유통 채널이 두 곳 있습니다. 바로 대형마트와 편의점입니다.

먼저 대형마트의 경우 요즘 들어 매장 내 제법 넓은 공간을 와인 매대로 꾸미는 곳이 많아졌습니다. 이런 변화는 아무리 와인에 대한 대중의 진입장벽이 많이 낮아졌다고 해도 조금 뜻밖입니다. 대형마트는 주로 식음료와 생필품을 저렴하게 판매하는 것이 강점인데, 와인은 제품 특성상 고급 제품이 부각될 가능성이 높기 때문입니다. 최근 지속적으로 실적 하락을 경험하고 있는 대형마트에서 고급스러운 제품과 공간에 대한 투자가 효과적인지에 대해서는 의구심이 남습니다.

　　반면에, 편의점의 와인 판매는 꽤 긍정적인 방향으로 나아가고 있습니다. 한국에서는 어딜 가나 편의점 한두 곳은 꼭 있는데요. 마트와는 타깃도, 판매 방식도 완전히 다릅니다. 대형 매대를 내세운 마트와 달리 편의점은 취향을 타지 않으면서도 실패 확률이 적은, 무난하고 저렴한 와인들 위주로 들여놓습니다.

　　꽉 차다 못해 넘칠 것 같은 포화 상태인 한국 편의점 업계는 객단가 높이기 경쟁 국면으로 들어섰습니다. 이때 객단가를 높이는 데 와인만큼 좋은 게 또 있을까요? 그런 면에서 고여 있는 편의점 업계에 와인이 새로운 효자 노릇을 톡톡히 해줄 것이라 기대해볼 만합니다.

SPECIALIST's TALK
주춤하는 한국 와인 시장, 해답은 콜키지?

한국 와인 시장의 양적인 성장 측면만 본다면 지금은 확실히 하락세가 맞아요. 하지만 질적인 성장 측면에서 본다면 이야기가 또 달라집니다. 확실히 와인 수입량이 늘었고, 수입하는 종류도 다양해졌습니다. 와인을 전문가 수준으로 즐기는 사람들도 확실히 많아지고 있고요.

　　외국 문화임에도 이렇게 빠르게 받아들여지고 있는 데는 크게 두 가지 이유가 있습니다. 하나는 한국인이 먹고 마시길 워낙 좋아하는 사람들이라는 것이고, 다른 하나는 나를 남에게 보여주기를 좋아하기 때문이에요.

　　동시에 한국인들은 밥값보다 너무 비싼 술값은 선뜻 지불하기 어려워하는 경향이 있습니다. 비교적 값이 싼 소주와 맥주에 익숙하니

한 병에 몇만 원씩 하는 와인이 값비싸 보이는 것도 당연합니다. 그렇다면 분위기 좋은 식당에서 좀 더 부담 없이 와인을 즐길 수는 없을까요? 그런 점에서 뜻밖에 열쇠는 콜키지가 될지도 몰라요.

B주류 추천

스페인산 가르나차   와인 전문 유튜버 와인킹 추천

스페인 북동부에서 생산되는 가르나차 품종의 포도로 만든 레드와인입니다. 가격도 저렴해서 편하기 마시기 좋고요, 돼지고기 김치찌개처럼 약간 느끼하면서도 얼큰한 음식에 곁들이면 그 조합이 정말 탁월해요. 순대와 함께 먹어도 참 괜찮은 와인이고요. 기본적으로 산미가 좀 있어서 입맛을 돋구어준답니다.

이탈리아산 모스카토 다스티   『B주류경제학』편집자 추천

초심자용으로 참 괜찮은 화이트와인입니다. 모스카토 다스티의 진가는 차갑게 마실 때 느낄 수 있습니다. 모스카토 다스티를 기준으로 삼고, 너무 달다 싶을 때는 그보다 드라이한 화이트와인을 마셔보면 어느 쪽이 더 좋은지 확연히 느껴집니다. 그 와인이 너무 시면 탄닌맛이 느껴지는 레드와인을, 탄닌 특유의 맛에 거부감이 든다면 탄닌이 적은 레드와인을 마셔보는 식으로 조금씩 나의 취향을 다듬어갈 수 있을 거예요.

서민물가의 최전선에서 K-푸드 열풍의 중심이 되기까지

요즘 대한민국 주식시장에서 뜻밖의 이름이 계속 화두입니다. 바로 삼양식품입니다. 그도 그럴 것이 2023년 6월부터 2024년 6월까지 약 1년 동안 삼양식품의 주가는 자그마치 550%나 올랐습니다. 보수적이고 변동 없기로 유명한 식품 회사에 무슨 일이 일어난 걸까요? 눈치채셨겠지만, 그 배경에는 불닭볶음면이 있습니다. 불닭볶음면이 세계로 퍼져나가는 흐름은 그동안 K-푸드의 중심으로 불리던 비빔밥, 불고기, 떡볶이 등과는 사뭇 다른데요. 라면 시장이 어쩌다 이렇게 매콤해진 것인지, 차근차근 살펴봅시다.

부동의 1위와 새로운 다크호스의 공존, 요즘 라면 시장

라면은 한국인의 대표적인 소울푸드 중 하나입니다. 간단히 한 끼 때우기도 좋고, 유행하는 조리법으로 꽤 그럴싸한 요리를 만들어낼 수도 있죠. 그런 한국인의 라면 사랑을 대변하듯 라면은 그 종류도 엄청나게 많습니다. 꼭 대형마트가 아니어도, 집 앞 편의점에만 가도 수십 종의 라면을 볼 수 있습니다. 라면 회사들은 수시로 신제품을 출시하고요. 이렇게 다양한 라면들, 업계에서는 어떻게 분류하고 있을까요?

우선, 봉지라면과 컵라면으로 나눠볼 수 있습니다. 국내 라면 시장의 규모는 2조 4,000억 원 정도로 추정되는데요. 그중 봉지라면이 60%, 컵라면이 40%를 차지합니다. 10년 전에는 7 대 3의 비율이었는데, 컵라면의 비중이 늘고 있어요. 하지만 여전히 한국 사람들은 직접 끓여 먹는 라면을 더 선호하는 것으로 보입니다.

또 다른 분류로는 국물이 있는 라면과 없는 라면이 있습니다. 짜장라면이나 비빔면, 볶음면 등이 국물 없는 라면류에 속하죠. 국물 있는 라면계에서는 농심의 신라면이 32년째 부동의 1위입니다. 한때 오뚜기 진라면이 그 자리를 위협하기도 했지만, 아직까지는 그 아성을 넘어서는 제품은 나오지 않았습니다.

국물 없는 라면, 비(非)국물 라면류는 좀 애매합니다만, 상위권을 추리면 농심 짜파게티, 팔도 비빔면, 그리고 새로운 다크호스로 급부상한 삼양식품 불닭볶음면이 있습니다. 짜장라면 시장에서는 짜파게티가 80%의 점유율로 여전하고 독보적인 입지를 자랑 중인 반면, 비빔면 시장의 오랜 1등이었던 팔도 비빔면은 요즘 위세가 많이 꺾였습니다. 비빔면 제품군이 부쩍 다양해지면서 점유율이 50% 아래로 떨어졌어요. 이를 기후변화로 인해 여름이 길어진 탓으로 분석하기도 합니다. 더운 날씨에 차가운 비빔면 수요가 늘어나면서 신제품들이 많이 출시됐기 때문입니다. 특히 2021년 출시되어 현재 비빔면 시장의 2인자로 떠오른 농심 배홍동비빔면의 기세가 눈길을 끕니다. 요즘 가장 핫한 라면이라고 할 수 있는 불닭볶음면 이야기는 뒤에서 좀 더 자세하게 다뤄보도록 하죠.

라면 가격을 라면 회사 마음대로 할 수 없는 이유

라면은 보통의 상품과는 좀 다릅니다. '서민물가의 최전선'으로 여겨지는 만큼 정부에서 그 가격에 신경을 많이 쓰기 때문입니다. 쌀과 같은 주식이면서 생활필수품으로 분류되고 있어 라면 회사라고 해도 그 가격을 마음대로 할 수 없습니다. 라면 가격이 조금만 올라도 그 라면의 제조사는 주의를 받죠.

　　　라면은 매출원가율이 높은 상품이기도 합니다. 라면 가격의 60% 정도가 원재료로 사용되며, 인건비와 시설비용을 포함하면 총 원가율은 70%에 육박하는 경우가 많습니다. 그런데 지난 2023년 라면의 주요 원재료인 밀가루의 국제 가격이 크게 떨어졌습니다. 1년

라면 3사 손익 요약

단위: 억 원

구분	농심			오뚜기			팔도		
	2021년	2022년	2023년	2021년	2022년	2023년	2021년	2022년	2023년
매출액	26,630	31,291	34,106	27,390	31,833	34,545	7,679	10389	9,760
매출 원가	18,449	22,295	23,753	22,975	26,824	28,494	5,200	6,936	6,025
매출 원가율	69.3%	71.3%	69.6%	83.9%	84.3%	82.5%	67.7%	66.8%	61.7%
영업이익	1,061	1,122	2,121	1,666	1,857	2,549	556	1,069	1,265
영업 이익률	4.0%	3.6%	6.2%	6.1%	5.8%	7.4%	7.2%	10.3%	13.0%

사이 20~30%가량 저렴해졌죠. 여기에 라면에 많이 쓰이는 팜유 가격도 떨어졌어요.

　　그 결과 2023년의 라면 3사 영업이익률은 농심 6.2%, 오뚜기 7.4%, 팔도는 무려 13%까지 높아졌습니다. 이들 기업의 평소 영업이익률은 5% 정도인데 말입니다. 하지만 이와 같은 영업이익이 지속되기는 쉽지 않을 것으로 보입니다. 원가가 내려가면 판매 가격도 내려가겠죠? 물가를 잡기 위한 정부 정책에 맞춰 라면 3사는 2023년 7월부터 봉지라면의 가격을 낮추기도 했습니다. 이처럼 국내에서 라면을 통해 높은 이익을 내는 것은 쉽지 않습니다. 이렇게 원가율이 높은데 가격을 마음껏 올릴 수는 없으니 라면 회사들이 선택할 수 있는 방법은 하나뿐입니다. 엄청난 대량생산. 아주 조금의 마진을 남기되 최대한 많이 파는 것이죠.

　　그래서 따지고 보면 라면 시장은 그리 성장 가능성이 높지 않습니다. 평소 일주일에 라면 1개를 먹던 사람이 어느 날 갑자기 5개씩 먹게 되는 경우는 많지 않으니까요. 수요가 고정적인 상황에서 가격은 쉽게 올릴 수 없고 최저 마진을 유지해야 하는, 말하자면 닫힌 산업입니다. 그런데 최근 몇 년간 국내 라면 시장은 전반적으로 계속 성장해나가는 추세입니다.

　　우선, 2022년의 성장세가 두드러지는데요. 전년 대비 매출 성장률이 농심은 17.5%, 오뚜기는 16.2%, 그리고 팔도는 35.3%를 기록했습니다. 지난 2023년에도 이 기세를 이어 농심과 오뚜기는 각각 매출성장률 8%와 8.5%를 달성했고요. 다만 팔도는 배홍동비빔면의 약진으로 6.1% 하락했습니다.

　　오래되고 보수적인 식품 업계에서 이렇게 지속적이고 유의미한 성장세는 흔치 않습니다. 특히 2022년과 같이 두 자릿수 성장률을 보이는 건 정말 드문 일이에요. 가장 큰 원인은 역시 코로나 사태입니다. 집에 있는 시간이 길어질수록 라면 소비량이 늘어나는 것은 당연하겠죠. 하지만 그것이 전부는 아닙니다. 팬데믹은 끝났지만 라면 시장의 미래는 계속해서 밝아 보이거든요.

라면 팔아서 얼마나 남을까? 핵심은 세계시장

라면 시장의 전망이 밝은 것으로 예상되는 건 다름 아닌 수출 때문입니다. 한국 라면들이 해외시장에서 선풍적인 인기를 끌고 있다는 소식을 한 번쯤 접해보셨을 거예요. 국내 라면 회사들에 세계시장이 얼마나 중요한지 (불닭볶음면의 삼양식품은 논외로 두고) 농심과 오뚜기의 비교를 통해 알아봅시다.

　　두 기업은 식품 회사라는 공통점이 있고 매출 규모도 비슷한 수준이지만, 세부적으로는 아주 다릅니다. 먼저 농심은 매출의 약 80%를 라면이 차지하는, 말하자면 '라면 기업'입니다. 새우깡으로 대표되는 스낵류도 주요 품목이긴 하지만, 주식인 라면과 간식인 스낵은 시장의 규모 자체부터 차이가 큽니다. 반면, 오뚜기는 라면을 비롯한 국수류의 매출이 전체 매출의 30%도 채 되지 않습니다. 각종 소스류부터 건조 및 냉동 식품, 레토르트 식품 등을 모두 만드는 종합식품기업이죠.

　　그렇다 보니 제품을 판매하는 방식도 서로 다릅니다. 라면 기업인 농심은 마케팅에 많은 투자를 합니다. 라면 시장은 엄청난 다품종 시장이라서 TV를 비롯한 온·오프라인 광고며 온갖 프로모션을 통해 소비자의 시선을 사로잡아야 하기 때문이에요. 하지만 오뚜기는 상대적으로 마케팅에 큰 비용을 들이지 않습니다. 소스류 등을 주로 다루는 오뚜기는 이른바 '업소용' 제품을 많이 생산하고 판매합니다. 대형마트뿐 아니라 편의점, 동네 슈퍼나 식당 같은 소규모 거래처까지 뻗어나가야 하는 농심과 다르게 물류비나 인건비가 덜 필요하죠. 이처럼 고객이 개인이냐 기업이냐에 따라 판매비와 관리비의 차이는 크게 달라집니다.

흥미로운 사실은, 이렇게 보면 다양한 제품군을 커버하면서도 비용은 덜 들어가는 오뚜기가 더 나아 보이지만 주식시장에서는 정반대라는 겁니다. 오랜 시간 20만 원대를 유지하던 농심의 주가는 2024년에 크게 오르며 한때 60만 원에 육박했습니다. 하지만 오뚜기의 주가는 꾸준히 하락세죠. 이런 결과를 결정 지은 것은 바로 수출 성과입니다.

농심은 오래전부터 해외시장에 진출해 기반을 다졌습니다. 중국과 미국에 공장을 짓고 현지에 론칭해 제법 자리를 잡았죠. 2023년의 해외 매출액은 3조 4,000억 원에 달합니다. 내수 중심인 오뚜기의 해외 매출액은 전체의 10%도 되지 않습니다. 내수 규모가 크지 않은 대한민국 특성상 해외시장의 성공은 미래 성장성 측면에서 투자자에게 매우 크게 느껴질 수밖에 없습니다.

실제로 한국 라면의 수출량은 가파르게 증가하고 있습니다. 2019년에 5,444억 원이었던 한국 라면 수출액은 2023년에 1조 2,000억 원으로 늘어났습니다. 매년 2,000~3,000억 원씩 매출액이 증가한 셈입니다.

한국 라면 수출 규모 추이

모두를 놀라게 한 식품계의 BTS, 불닭볶음면 이야기

라면 수출 이야기를 하면서 불닭볶음면을 놓을 수는 없죠. 2011년 시범 출시되었을 때만 해도 불닭볶음면은 너무 맵다는 이유로 국내

실적이 썩 좋지 않았습니다. 그러다가 2014년, 한 유튜버의 '외국인 불닭볶음면 시식' 영상을 계기로 순식간에 바이럴되면서 화제를 모은 겁니다.

　　매운맛에 약한 서양인들 사이에 아시아의 매운 라면을 먹는 챌린지가 유행할 것이라고는 아무도 상상하지 못했습니다. 현재 불닭볶음면은 '캡사이신 함량이 너무 높다'며, 즉 '너무 맵다'며 불닭볶음면의 판매를 금지했던 덴마크에서조차 다시 판매를 시작할 정도로 세계시장에서 굉장한 인기를 누리고 있습니다.

　　이에 삼양식품은 발 빠르게 '불닭 라인' 제품들을 생산해냅니다. 대표적인 것이 2017년 출시한 까르보불닭볶음면입니다. 이름에서부터 해외, 특히 서양 시장을 타깃으로 삼았음이 느껴지죠. 불닭볶음면이 서양에서만 인기인 것은 아닙니다. 미국과 유럽 등지에서 유행하기 전부터 동남아시아에서는 꾸준히 판매량이 늘고 있었어요.

　　그 결과 삼양식품은 전례 없는 호황을 누리는 중입니다. 1년 전만 해도 약 7,000억 원 수준이었던 시가총액은 한때 5조 원을 넘었고, 2022년과 2023년의 매출액은 각각 전년 대비 41%와 31% 늘었습니다. 이 말도 안 되는 성장폭을 보고 불닭볶음면을 가리켜 '면도체(라면+반도체)'라며 감탄하는 사람들도 있었습니다. 2023년 삼양식품의 전체 매출액 1조 2,000억 원 중에서 해외 매출이 70%를 차지합니다. 현재 해외에 수출된 한국 라면의 절반이 삼양식품 제품이라고도 하고요. 아마도 그 대부분이 불닭볶음면의 성과겠죠.

　　왜 하필 불닭볶음면일까요? 그 배경에는 SNS 챌린지와 매운맛 트렌드가 있습니다. 숏폼이 대세가 되면서 SNS상에서의 챌린지가 젊은 세대의 놀이로 자리 잡았습니다. 여기에 극단적인 매운맛을 추구하는 MZ들의 트렌드가 맞물리면서 일명 '불닭 챌린지'가 등장한 거예요.

　　다만, 삼양식품의 포트폴리오가 너무 '불닭 라인'에 치우쳐 있다는 것은 아쉽습니다. 일본의 라멘을 우리 입맛에 맞춰 잘 변형해서 발전시켜 온 것처럼, 이를 다시 외국인의 입맛에 맞춰 다양하게 개발하려는 노력이 필요한 시점입니다. 비단 불닭볶음면만이 아니라 한국 라면이 K-푸드의 영역을 넘어 세계인의 식생활에 스며들게 되길 기대해봅니다.

SPECIALIST's TALK
한국 라면과 일본 라멘, 무엇이 다를까?

한국 라면의 시작은 1960년대 삼양식품이 선보인 '삼양라면'입니다. 일본의 인스턴트 라멘 기술을 도입해 만들었죠. 우리나라에서 '라면'이 곧 '인스턴트 라멘'을 가리키는 것은 이 때문입니다. 우리와 달리 일본에서 '라멘'은 인스턴트를 포함하는, 보다 큰 범주의 음식입니다. 스시나 소바처럼 일본을 대표하는 음식 중 하나예요.

라면과 라멘의 또 다른 큰 차이는 육수입니다. 일본의 라멘은 닭이나 돼지 육수를 주로 사용합니다. 일본식 된장인 미소를 쓰기도 하고요. 실제로 삼양식품이 처음 인스턴트 라면을 만들 때는 닭 육수로 시작했습니다.

하지만 한국인들은 닭보다는 소고기 육수를 더 선호하는 경향이 있어요. 그 입맛을 제대로 겨냥한 것이 바로 신라면입니다. 인스턴트지만 소고기를 사용해서 고급스럽다는 이미지를 줄 수 있었죠.

B주류 추천

신라면
이재용 회계사 추천

라면 이야기가 나오면 제가 늘 하는 말이 있습니다. '역시 돌고 돌아 신라면이다.' 인간은 결국 익숙한 것을 찾게 되어 있어요. 새롭고 신기한 라면들이 지금 이 순간에도 탄생하고 있지만, 한국의 입맛에 각인된 하나의 맛을 넘어서기란 쉽지 않을 것이라 감히 예상해봅니다. 50년 이상 우리 주방의 한 자리를 차지하고 있는 데에는 그럴 만한 이유가 있지 않을까요?

까르보불닭볶음면
『B주류경제학』 편집자 추천

매운맛 트렌드에 살짝 발을 담가보기엔 까르보불닭볶음면이 딱 좋습니다. 원조(?) 불닭볶음면보다 맵기를 절반 정도 줄이고, 크리미한 식감을 더해서 해외뿐 아니라 한국의 '맵찔이'들에게도 환영받고 있어요. 조금 더 순한 맛을 원한다면 우유나 치즈를 추가하는 방법도 있습니다. 유튜브 등에 다양한 레시피들이 올라와 있으니 이를 참고해 더 새로운 불닭볶음면을 즐겨보는 것도 좋을 것 같아요.

커피 맛에 늘 진심인 브랜드와 한국인

커피, 좋아하시나요? '고급스러운 서양의 기호식품'으로 한국에
들어온 커피는 어느새 하나의 라이프스타일로 자리 잡았습니다.
한국은 글로벌 관점에서 봐도 엄청난 커피 소비 국가예요.
시장조사기관 유로모니터의 조사 결과에 따르면, 2023년 우리나라의
1인당 연간 커피 소비량은 405잔으로 전 세계 평균(152잔)의 2배를
훨씬 뛰어넘었습니다. 꼭 통계 수치를 보지 않더라도 거리에 즐비한
카페들을 보면 한국의 커피 시장이 얼마나 성장했는지 와닿습니다.
그렇다면 실제 그 시장 속 상황은 어떨까요?

우후죽순 생기는 저가 커피! 남는 게 있나?

자영업자가 많기로 유명한 한국에서 3대 자영업 대표 업종이라면 편의점, 치킨집, 그리고 카페를 꼽을 수 있어요. 국가통계포털에 따르면 2022년 말 국내 커피전문점은 10만 729개였는데요. 한국과 일본의 인구 대비 카페 수를 비교해보면 일본은 1,800명당, 한국은 500명당 카페가 하나씩 있을 정도이니 한국에서 창업 종목으로 카페는 이미 레드오션이죠. 특히 주 상권을 중심으로 매장 수의 증감 추이를 보면 2018년만 해도 스타벅스 매장이 압도적으로 많았는데요. 최근 3년 사이에 메가커피, 컴포즈커피 매장 수가 이미 스타벅스 매장 수를 넘어섰어요.

　　커피 수요층은 주로 공간을 찾거나, 카페인을 찾거나, 맛으로 커피를 찾는 세 부류로 구분해볼 수 있습니다. 이 중 공간을 찾는 부류를 대상으로 한 스타벅스는 대체재가 없기 때문에 앞으로도 이들의 인기를 지속해서 얻을 것으로 예상해볼 수 있어요.

　　그에 비해 저가 커피 브랜드는 스타벅스와 상반된 저가 전략

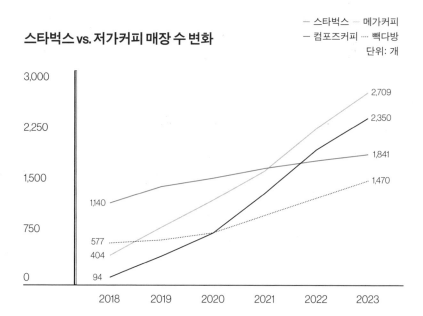

스타벅스 vs. 저가커피 매장 수 변화

— 스타벅스　— 메가커피
— 컴포즈커피　···· 빽다방
단위: 개

을 취해 카페인을 찾는 부류를 공략하는 데 성공했는데요. 저가 커피 브랜드의 시작에는 단기간에 성공적으로 매장 수를 늘린 이디야가 있었죠.

　　이후에 등장한 메가커피는 매장 내 입장하지 않고도 커피를 살 수 있도록 입구마다 키오스크를 배치하여, 코로나 시기에도 인기 상승세를 이어갔어요. 이에 많은 사람들이 매장 크기가 작은 테이크아웃 전문 카페를 차리면서 가맹점이 우후죽순 생겼습니다. 이를 증명하듯 메가커피 본사의 2021년 영업이익률은 약 50%에 육박합니다. 매장이 빠른 속도로 늘어나면서 초기 가맹비 매출이 많이 잡힌 이유도 있겠지만, 실제 매장 회전율이 높아 20~25% 내외의 영업이익률을 내고 있다고 해요. 이후 메가커피 본사의 회계 정책이 바뀌며 영업이익률은 낮아졌지만 2023년 기준 매출액 약 3,684억 원, 그리고 영업이익 694억 원이라는 엄청난 실적이 유지되고 있답니다.

　　이렇게 높은 영업이익률을 내고 있는 걸 보면 혹시 원두의 퀄리티가 낮지 않겠느냐고 생각하는 분들이 있을지도 모르겠어요. 사실은, 가격이 저렴하다고 절대 맛없는 커피가 아니라고 해요. 왜냐하면 저가 커피 브랜드는 앞서 언급한 것처럼 빠른 회전율로 이미 많은 양의 원두를 소비하고 있기 때문에 좋은 퀄리티의 원두를 저렴하게 수급할 수 있는 상황이거든요. 다만, 커피 추출을 어떻게 하느냐에 따라서 커피의 맛은 조금씩 다를 수 있답니다.

'삼시 세 커피' 한국 사회, 카페 창업 나도 껴볼까?

주변 사람 중 '나중에 내 카페 하나 차릴 생각'을 갖고 있거나 이미 개인 카페를 운영 중인 지인이 있는 분들도 있을 거예요. 2010년도 초반 무렵 개인 카페를 찾는 수요가 급증하고, 공급은 비교적 적은 시기가 있었습니다. 이때는 커피에 대해 깊이 알지 못해도 일단 창업하면 어느 정도 성공하는 사람이 많았어요. 그 모습을 보고 창업을 꿈꾸게 된 사람도 많고요. 하지만 그때와 지금, 시장 자체가 크게 달라졌죠.

우선 공급이 매우 과잉된 상황입니다. 즉, 소비자들은 다양한 선택지 중에서 가장 비교 우위가 높은, 경쟁력이 좋은 카페를 골라서 갈 수 있죠. 그럼 그 경쟁력을 확보하기 위해서 부단히 노력해야 한다는 건데요. 이는 과거 특정 시기처럼 일단 문부터 열면 어떻게든 잘 되는 시기가 아니라 노력과 공부와 정성을 바탕으로 소비자에게 특징 있는 카페로 각인되어야 성과를 거둬갈 수 있는 시장이 되었다고 볼 수 있습니다.

카페는 창업 비용이 적게 들기 때문에 많은 분들이 쉽게 도전하곤 합니다. 창업 요건이 까다로운 스타벅스를 제외한 프랜차이즈 브랜드(창업 비용 2~6억 원), 개인 사업(창업 비용 최소 3,000만 원~1억 원)에 특히 창업자가 많이 몰리고 있죠. 그런데 이런 어려움도 있습니다. 우선 저가 커피를 파는 프랜차이즈 브랜드나 개인 사업의 경우 박리다매를 해야 하므로 실제로는 오히려 노동의 강도나 비즈니스 난이도 등이 더 높을 수 있어요. 게다가 원재료라 할 수 있는 로스팅된 원두를 구입하는 비용도 만만치 않답니다.

그럼, 개인 카페를 시작하는 것에만 그치지 않고 제대로 살아남으려면 무엇부터 준비해야 할까요? 우선 가장 기본은 커피의 맛이겠죠. 그다음 확실한 타기팅이 중요합니다. 본인만의 특별한 브랜딩이 필요하고, 효과적으로 시간을 들여서 이미지를 쌓아 나가야만 하죠. 특히 요즘은 색깔이 명확하고 정체성이 확실한 카페일수록 MZ세대가 관심을 보일 확률이 높아요. 창업한 사람이 시장에 전하고자 하는 메시지가 엿보이는 디자인이나 인테리어, 이에 대한 브랜딩이 일관되게 소비자에게 잘 전달될 필요가 있습니다.

더불어 보통 개인 카페에서 커피를 만드는 데 원재료 구입에 쓰는 비용 비중이 30%라면 직접 로스팅을 하거나 생두부터 매입하

는 방식으로 원재료 비율을 15%가량 낮춰 영업이익률을 올리는 것
도 방법이에요.

결국 중요한 건 커피 맛으로, 공간의 매력으로, 창업자의 메
시지로, 무엇으로든지 끌어당기는 힘을 갖추는 것이라고 할 수 있어
요. 그곳에 올 이유를 충분히 제공해주고, 그렇게 모인 사람들이 팬
이 되는 공간만이 살아남지 않을까요? 지금처럼 말이죠.

스페셜티 커피, 비주류에서 주류로 가고 있다?

포화라고도 하는 카페 시장에서 맛에 대한 차별화를 고민하기 시작
하면서 떠오르고 있는 시장이 스페셜티 커피 시장인데요. 2008년경
한국에서 처음 미국식 커피 교육을 받아들이기 시작한 시점부터 스
페셜티 커피의 존재가 알려지기 시작했습니다. 특히 2019년 바리스
타들의 세계 대회인 월드 바리스타 챔피언십에서 전주연 바리스타
가 한국 바리스타 최초로 우승하면서 한국 스페셜티 커피 시장 성장
의 분기점이 도래했죠.

스페셜티 커피가 무엇인지 정의하자면 세계 스페셜티 커피

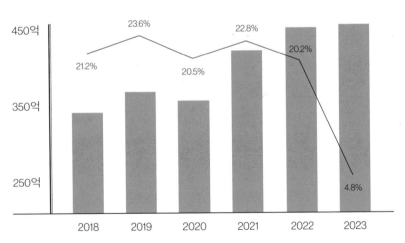

단위: 원
■ 매출액 ─ 영업이익률

테라로사 매출액 추이

협회 SCA는 '독특한 속성을 인정받은 커피 또는 커피 경험을 말하며 이런 속성으로 인해 시장에서 상당한 부가가치를 가진다'라고 설명합니다. 쉽게 말해 커피의 독특함과 고유함의 가치를 인정받아서 부가가치가 높은 커피를 말해요. 보통 원두를 만들기 전의 씨앗 '생두'에 점수를 매겨 그 점수가 80점 이상인 커피, 결점도와 재배 과정 및 가공 과정이 고객에게 얼마나 투명하게 전달되는지 등 여러 판단 기준이 있습니다.

국내 스페셜티 커피 대표 브랜드로 테라로사와 리브레가 있죠. 특히 테라로사는 지난 2021년, 700억 원에 지분 35%를 매각하기도 했습니다.

700억 원에 지분 35%를 매각했다는 것은 기업가치로 약 2,000억 원을 인정받았다는 뜻인데요. 해당 거래의 직전해인 2020년의 매출액이 약 350억 원, 영업이익은 약 72억 원이었던 것을 고려했을 때, 향후 해당 브랜드의 성장 가능성이 매우 큰 것으로 평가받았다고 볼 수 있습니다. 기업가치 2,000억 원을 영업이익 72억 원으로 나눠보면 약 27.7배수가 나오는데, 이는 고도로 성장하는 기업이 아니면 인정받을 수 없는 배수거든요. 2023년에는 매장을 확장하고 적극적으로 해외 진출을 준비하면서 인건비 등의 고정비가 증가했는데요. 이에 따라 영업이익률이 감소했지만 2024년 5월에 기존 투자자가 이전과 유사한 기업가치로 지분 13%를 매입한 것을 보면 테라로사 내부적으로는 장기적인 전망에 큰 우려가 없는 것으로 보입니다. 이 정도면 스페셜티 커피, 비주류에서 주류로 가고 있다고 할 만하죠?

SPECIALIST's TALK

한국 커피계에서 빼놓을 수 없는 믹스커피 이야기

한국에서 커피의 대중화에 가장 큰 역할을 한 것은 역시 믹스커피입니다. 지금도 국내 커피 시장에서 굳건히 한 축을 담당하고 있고요. 그리고 30년이 넘는 시간 동안 이 시장에서 부동의 1위를 차지하고 있는 기업이 있습니다. 네, 동서식품이죠.

　　무려 88%의 시장점유율을 자랑하는 동서식품은 기복 없이 안정적이고 우수한 성과를 내고 있습니다. 연간 매출액 약 1조 5,000억 원, 영업이익은 약 2,000억 원 정도를 꾸준히 유지해오고 있습니다. 이 매출의 80%를 커피가 채우고 있다니 대단하긴 하죠? 물론, 여기에는 카누의 론칭도 한몫했습니다.

　　그런데 최근 달콤하고 견고했던 믹스커피 시장이 흔들리고 있습니다. 바로 '캡슐커피' 때문입니다. 믹스커피의 소비층이 캡슐커피로 계속 옮겨가고 있어요. 아무래도 카페에서 먹는 것과 유사한 커피 맛을 더 잘 구현해내면서도 믹스커피만큼이나 간편하니까요. 이러한 변화에 믹스커피 업계가 어떻게 대응할지, 또 고정적이었던 소비층이 어떻게 달라질지 궁금해집니다.

B주류 추천

모모스커피   안치훈 바리스타

2021년 월드 바리스타 챔피언십에서 한국인 최초로 우승을 거머쥔 전주연 바리스타가 대표로 있는 커피 브랜드입니다. 최근 부산이 새로운 커피 도시로 떠오르고 있는데, 그 중심에 자리하고 있죠. 챔피언이 운영하는 브랜드답게 원두부터 까다롭게 선별합니다. 멋진 공간에서 수준 높은 스페셜티 커피를 즐길 수 있어요.

커피리브레   『B주류경제학』편집자 추천

대한민국 커피 1세대를 대표하는 박이추 바리스타에게서 커피를 배운 서필훈 대표의 브랜드입니다. 말하자면 한국 스페셜티 커피의 계보를 잇고 있다고 할까요? 서울 연남동 골목에서 소박하게 시작한 작은 카페는 어느덧 1년에 1,400톤의 커피를 수입하는 커피 기업으로 성장했습니다. 원두 분야에 좀 더 전문성을 두고 있지만, 직영 매장도 운영하고 있으니 한 번쯤 방문해보시길 추천합니다.

우리를 줄 세우는 달콤한 것들의 비밀

2023년 최전성기를 구가했던 탕후루부터 크로플, 도넛, 베이글, 소금빵, 최근에는 두바이초콜릿과 요거트아이스크림 (일명 '요아정')까지. 요즘 대한민국의 식음료계에서 사람들 줄 좀 세운다 싶은 곳은 달콤한 디저트 가게들입니다. 좀 더 거슬러 올라가, 대만 카스텔라와 벌집 아이스크림 유행으로 심화된 한국의 디저트 트렌드는 수시로 바뀌고 뒤집히며 그 영역을 확장해왔어요. 그러면서 이 달달한 것들은 우리 일상 깊숙이 자리 잡았습니다. 바야흐로 대(大)디저트의 시대입니다.

더 빠르게! 더 다양하게! 한국의 디저트 마켓

한국의 디저트 시장을 알아보려면 우선 '디저트'에 대한 우리의 개념부터 이해해야 합니다. 디저트의 본고장이라고 할 수 있는 프랑스에서 디저트는 후식입니다. 말 그대로 식사 후에 먹는 가벼운 입가심 정도의 음식이에요. 그래서 크기가 작고 맛이 강합니다. 이미 식사를 했기 때문에 많이 달아도 덜 자극적으로 느껴지거든요.

　　한국의 디저트는 이보다 폭넓습니다. 후식으로 먹기도 하지만 간식으로 먹는 경우도 많고, 때로는 끼니가 되기도 하죠. 케이크로 식사를 하고 싶다면 그렇게 하면 됩니다. 그래서 요즘 유행한 '단짠' 디저트가 탄생하기도 했고요. 꼭 후식으로만 먹는 것이 아니니 짭조름해도 어색하지 않습니다. 소금빵이나 베이글 등이 디저트의 영역에 들어온 것도 이런 맥락에서 가능했습니다.

　　그런 면에서 한국의 디저트 시장은 무척이나 다채롭습니다. 영역만 넓은 것이 아니라 어떤 디저트가 인기를 얻으면 그것에 변주에 변주를 더해 새롭게 재탄생시키는 데도 일가견이 있죠. 이렇게 새로운 것을 받아들이는 데 열려 있는 분위기는 한국 디저트계의 큰

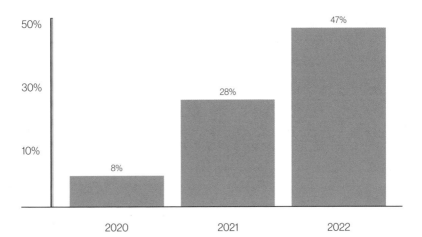

디저트 전문점 매출성장률

성장률 기준: 2019년 대비
출처: KB국민카드(카드 결제금액 기반 추정치)

특징입니다.

　　한국 디저트 시장의 또 다른 특징은 빠르다는 겁니다. 새로운 것을 잘 받아들이는 만큼 이전 것에서 다음 것으로 넘어가는 속도가 아주 빠르죠. 대만 카스텔라, 벌집 아이스크림, 흑당 버블티 등등 한때 열풍을 일으켰지만 반짝하고 사라진 품목들이 수없이 많습니다. 그리고 이는 현재진행형으로 계속되는 중입니다.

　　디저트 산업에 관한 공식적인 데이터가 많지는 않지만 종종 카드사에서 결제 데이터를 기반으로 발표하는 자료를 통해 알아볼 수 있습니다. 2024년 2월에 발표한 자료를 보면 한국 디저트 시장의 엄청난 성장세를 확인할 수 있어요. 디저트 전문점에서 카드 결제된 금액이 전년 대비 2020년에는 8%, 2021년에는 28%가 늘었고, 2022년에는 확 뛰어 47%나 증가했습니다. 디저트 역시 '코로나 특수'를 누린 업종임이 드러나는 대목이죠.

　　2023년의 결제 금액 역시 전년 대비 19% 증가했는데, 이 중 탕후루 전문점이 특히 눈에 띕니다. 탕후루 전문점의 2023년 매출액은 전년 대비 무려 1,678% 늘었습니다. 그 뒤를 베이글 전문점이 뒤쫓고 있고요. 행정안전부에서 공개하는 지방행정 인허가 자료를 살펴봐도 탕후루 전문점의 기세는 대단합니다.

　　2023년부터 약 18개월 동안 새로 등록된 탕후루 매장은 1,163곳이나 됩니다. 그런데 여기서 한 가지 더 눈여겨봐야 할 것이 있습니다. 그 1,163곳의 매장 중 182곳이 폐업했다는 겁니다. 신규 매장 중 약 15%가 오픈한 지 2년도 채 되지 않아 문을 닫은 건데요. 탕후루가 지배했던 디저트계의 흐름이 다시 움직이고 있음을 짐작해볼 수 있습니다.

상품으로서의 디저트가 매력적인 이유

이렇듯 디저트 산업은 확실히 크게 성장하는 추세인 데다 쉬지 않고 변화할 만큼 역동적입니다. 그 성장의 배경과 동력은 무엇일까요? 상품으로서 디저트만이 지니는 매력이 도대체 뭘까요?

먼저, 디저트는 인간의 욕망과 본성을 자극합니다. 도파민을 자극하는 단맛은 중독성이 있고, 화려하거나 아기자기한 비주얼은 구매 욕구를 불러일으키죠. 새로운 디저트가 떠오르면 먹고 싶은 데 그치지 않습니다. 디저트만큼 포토제닉한 음식도 없으니까요. 당연히 인증샷을 찍어 SNS에 올려야 합니다. 말하자면, 디저트는 엄청난 전략으로 소비를 북돋우지 않아도 흐름만 잘 타면 성장하기 쉬운 산업인 셈입니다.

동시에 디저트는 원가율이 낮은 품목에 속합니다. 재료도 중요하지만 만드는 사람이 얼마나 예쁘고 맛있게 만드느냐, 즉 기술력의 중요성이 큰 편입니다. 애초에 디저트는 필수재가 아닙니다. 그래서 사람들은 좀 더 비싸더라도 비주얼과 맛이 좋은 쪽을 선택하기를 꺼리지 않아요.

심지어 디저트는 회전율도 높습니다. 흔히 카페와 디저트 전문점을 비슷한 선상에 놓고 비교하곤 하는데요. 이 둘은 성격이 조금 다릅니다. 대부분의 카페는 공간 사업입니다. 대화를 나누거나 일을 하거나 여유를 즐기기에 좋은, 잘 꾸며진 공간을 커피와 함께 판매하죠. 도시 외곽에 대형 카페들이 자꾸 늘어가는 것도 이 때문입니다.

이와는 달리, 디저트 전문점은 공간이 그만큼 중요하진 않습니다. 물론 그 공간에서 머물며 디저트를 즐기는 사람들도 많지만 포장해서 바로 들고 나가는 경우도 많습니다. 크기가 작아 들고 다니기에 부담이 없고, 선물용으로 구매하기에도 좋으니까요. 따라서 원한다면 정말 소규모로도 매장을 운영할 수 있습니다.

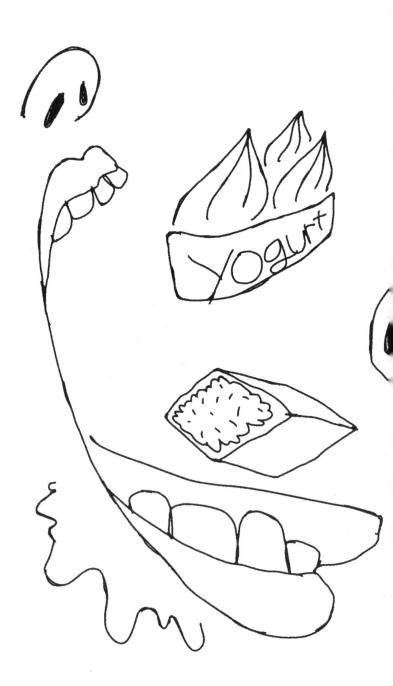

사라진 크로플과 살아남은 소금빵, 그 차이는?

장점이 이렇게나 많은 디저트이지만, 업계 내에는 큰 숙제가 하나 있습니다. 바로 '지속가능성'입니다. 유행의 흐름 속에서도 어떤 디저트는 한철 잠깐 흥하다가 사라지고, 또 어떤 디저트는 롱런하며 대중적인 음식으로 남습니다. 최근의 사례로 이야기하자면 전자는 크로플, 후자는 소금빵이 있습니다.

크루아상 생지(굽기 전에 성형까지 모두 마친 빵 반죽)를 와플 기계로 납작하게 구운 크로플은 2020년 하반기부터 크게 유행했습니다. 달콤하고 바삭해서 한국인의 입맛을 저격했죠. 토핑이나 크림 등을 얹어 화려하게 변주되어 카페 인기 디저트로 떠올랐고, 크로플 전문 가게도 등장했을 정도였습니다. 하지만 지금은 거의 찾아볼 수 없습니다. 실제로 2020년부터 2024년 사이 새로 오픈한 크로플 전문점 45곳 중 32곳이 폐업했습니다.

업계에서는 크로플을 만드는 과정의 비효율성을 그 인기가 지속되기 어려웠던 이유로 꼽습니다. 크루아상은 만드는 데 품이 많이 들어가는 빵입니다. 여러 번 접고 휴지시키기를 반복해 결을 살린 반죽을 밀대로 밀고, 삼각형으로 하나하나 잘라서 초승달 모양으로 돌돌 말아 발효시켜야 하죠. 이렇게 글로 쓰기만 해도 복잡하고 정성스러운 과정을 다 거치고서 이를 납작하게 눌러야 하니 효율적이라고 말하긴 어렵습니다.

이에 비해 소금빵은 제작 공정이 간단합니다. 반죽을 펼쳐 버터를 넣고 다시 말아서 발효시킨 뒤 구우면 됩니다. 다시 말해 크로플보다 생산성이 좋습니다. 같은 시간과 비용을 들였을 때 훨씬 많은 양을 만들 수 있죠.

나아가 소금빵은 크로플보다 덜 달고 식감이 부드럽습니다. 잘 질리지 않아서 여러 번 구매하게 되기 쉽다는 것 역시 소금빵의 강점이에요. 반면 크로플은 단맛이 강하고 식감이 딱딱해 자주 즐기긴 힘듭니다. 포장해서 먹자니 설탕이 녹아 끈적거리고 가루가 떨어져 불편하고요. 이런 차이로 인해 크로플은 카페에서 커피와 함께 즐기는 새로운 음식 정도의 유행으로 지나갔고, 소금빵은 일반 프랜차이즈 베이커리에서도 흔히 접할 만큼 우리의 일상에 안착한 겁니다.

노티드와 런던베이글뮤지엄으로 알아보는
요즘 디저트의 생존법

현재 한국 디저트계를 휘어잡는 두 브랜드가 있습니다. 이른바 '서울 3대 도넛' 중 하나로 꼽히며 톡톡 튀는 분위기가 인상적인 노티드와 딱딱한 식사 빵 정도로 여겨지던 베이글로 디저트 시장에 파란을 몰고 온 런던베이글뮤지엄입니다. 도넛과 베이글을 먹기 위해 매장 앞

노티드 모회사 GFFG 손익계산서

단위: 원

구분	2022년	2023년
매출액	529억	676억 +28%
영업이익	5억	-71억
영업비용	524억	747억
매출 원가	177억	237억
판매관리비	347억	510억
직원 급여	145억	219억
임차료	37억	61억 +65%
⋮	⋮	⋮

에 오픈런 대기 줄이 길게 늘어선 진풍경을 만들어낸 브랜드들이죠. 다양한 맛의 도넛/베이글, 감각적인 컨셉의 인테리어, MZ세대의 핫 플레이스 등 공통점이 많던 두 브랜드인데, 최근의 행보는 사뭇 달라졌습니다.

　　푸드&라이프스타일 기업 GFFG의 대표 브랜드인 노티드는 2017년 론칭 이후 빠르게 성장했습니다. 2022년에는 연매출 529억 원에 영업이익 5억 원을 올렸고, 그해 말 GFFG는 300억 원대의 투자 유치에 성공했죠. 2023년에는 매출액이 28% 늘어 675억 원을 기록했는데, 뜻밖에 영업이익은 71억 원의 적자를 냅니다.

　　적자 전환의 원인은 공격적인 매장 확장에 있는 것으로 분석됩니다. 2024년 8월 현재 전국의 노티드 매장 수는 40개입니다. 투자 유치 이전에 비해 1.5~1.6배가량 늘었습니다. 그 결과 매출액이 28% 늘어난 한편, 임차료는 65% 증가했습니다. 매장당 매출액이 줄었을 것으로 유추할 수 있습니다. 그리고 일반적으로 디저트 전문 매장은 일종의 개점 효과(이른바 '오픈빨')가 존재하기 때문에 시간이 지날수록 매출액이 올라가는 구조가 아닙니다. 그렇기 때문에 매장 수 증가에도 불구하고 매장당 매출이 감소하는 결과는 치명적이죠.

　　노티드는 도넛의 맛도 맛이지만, 특유의 귀엽고 키치한 공간 분위기로 유명합니다. 그런데 매장 수가 빠르게 늘면서 그 공간의 희소성이 감소했습니다. 예전에는 서울에 가야만 줄을 서서 도넛을 사고, 포토존에서 인증샷을 찍고, 굿즈 몇 가지를 구매해서 돌아오는 '노티드 경험'을 할 수 있었는데 수도권 및 지방 매장이 여러 곳 생기면서 그 가치가 떨어진 거죠.

　　런던베이글뮤지엄의 상황은 이와 상반됩니다. 런던베이글뮤지엄의 법인이 설립된 2022년에 매출액 90억 원에 영업이익 36억 원을 찍었던 것이 바로 다음 해에는 각각 360억 원과 127억 원으로 급등했습니다. 영업이익률이 무려 35%에 달하죠. 식당 예약 및 줄서기 플랫폼인 캐치테이블에서는 전국 웨이팅 맛집 순위를 조회할 수 있는데요, 2024년 현재에도 전국 TOP10 안에 런던베이글뮤지엄의 모든 매장이 들어가 있는 것을 보면 그 인기는 지속되고 있는 것으로 보입니다. 다만 법인이 매장마다 달라 매출 실적이 정확하지는 않습니다(현재는 법인 문제가 정리됐다고 합니다).

이처럼 엄청난 영업이익률을 자랑하는 런던베이글뮤지엄은 매장 운영 전략이 돋보입니다. 우선, 매장은 전국에 딱 5곳입니다. 2024년 10월에 6호점인 더현대서울점 오픈을 앞두고 있죠. 2021년 론칭 이후 1년에 한두 개씩만 늘려온 셈입니다. 이렇게 매장 수를 천천히 늘렸을 때의 장점은 '줄을 계속 세울 수 있다'라는 거예요. 가게 앞이 사람들로 늘 붐비는 모습은 고가의 광고보다 더 큰 홍보 효과를 가져옵니다.

게다가 스타필드, 롯데월드몰 등 빅몰 위주로 입점하고 있다는 점도 흥미롭습니다. 이렇게 지속적으로 큰 인기를 끄는 브랜드는 유통사와의 관계에서 일명 '슈퍼을'입니다. 수수료를 적게 내면서 빅몰의 상징성과 대규모 유동 인구를 누릴 수 있죠.

런던베이글뮤지엄의 전략은 추후 투자를 받거나 매각을 진행할 때도 이점이 될 수 있습니다. 아직 매장 수가 적으니 성장 가능성을 더 높게 볼 수 있고, 인수자에게는 이 브랜드로 할 수 있는 것이 아직 많이 남아 있다는 메시지를 주거든요. 여러모로 영리한 작전입니다.

투자 없이도 승승장구 중인 런던베이글뮤지엄에 비해 주춤한 노티드이지만, 그런 만큼 다음 스텝을 다양하게 모색 중인 모습입니다. 편의점, 카페, 영화관, 게임 등 라이프스타일 영역 전반에 걸쳐 활발한 컬래버레이션을 전개하기도 하고, 미국 법인을 설립하며 해외 진출을 준비하고 있어요. 이러한 시도들이 노티드에게 반등의 동력이 되길 기대해봅니다.

SPECIALIST's TALK

한국에서 유난히 발달한 '윈도우 베이커리'

통유리창을 통해 들여다보이는 매장 안에 다양한 종류의 빵들이 한가 득 진열된 모습, 우리에게는 익숙한데요. 이러한 제과점을 가리켜 '윈도 우 베이커리'라고 부릅니다. 그런데 다품종을 취급하는 윈도우 베이커 리가 세계적으로는 흔하지 않다는 점 알고 계신가요?

　제과·제빵 분야는 워낙 손이 많이 가고 시간이 오래 걸리는 일 이라 다품종으로 운영하기가 쉽지 않습니다. 길거리를 지나다 보면 꼭 한 번씩 윈도우 베이커리를 지나치게 되는 우리나라가 독특한 케이스 죠. 국내에서 전통 있고 유명한 베이커리로 꼽히는 김영모과자점, 나폴 레옹과자점, 리치몬드과자점, 성심당 등이 모두 윈도우 베이커리라는 것도 흥미롭습니다.

　그런데 왜 유독 우리나라에서 윈도우 베이커리가 발달한 걸까 요? 한국에는 새로운 것을 선호하는 경향이 있습니다. 누구보다 빨리, 이전과는 다른 것을 경험하고 싶어 합니다. 디저트 시장의 빠른 발전 속 도도 이와 관련이 깊고요. 베이커리에서도 마찬가지입니다. 새로운 것 을 계속 받아들이고 재해석하다 보니 자연히 가짓수가 늘어나게 됐죠. 특유의 수용력과 다양성, 변화 속도가 지금 한국의 베이커리 디저트 문 화를 만들었다고 해도 과언이 아니에요.

B주류 추천

앙버터빵
이재용 회계사 추천

최근의 핫템은 아니지만 개인적으로는 앙버터빵을 참 좋아합니다. 빵 사이에 두툼하게 끼워진 팥앙금과 버터가 입안에서 부드럽고 달콤하게 섞이는 느낌이 최고예요. 듣기로는 프랑스 사람들은 이렇게 두툼한 버터가 샌드된 빵을 기이하게 본다던데, 그마저도 정말 한국적이지 않나요?

베이글
『B주류경제학』편집자 추천

런던베이글뮤지엄의 베이글, 한 번은 먹어봐야죠! 런던베이글뮤지엄은 그 이름처럼 다양한 종류의 베이글들로 채워져 있답니다. 쪽파프레첼 베이글, 감자치즈 베이글, 시나몬피칸 베이글, 바질페스토 베이글 등 다른 곳에서는 쉽게 맛볼 수 없는 빵들이 잔뜩이죠. 무엇을 고르든 기나긴 웨이팅을 감당할 만한 가치가 있는 맛일 거예요.

지금, 우리의 소비를 파헤쳐 건져올린 MZ 취향과 〈B주류경제학〉 출연자들의
말을 엮었습니다.

소비로 찾은
Z 취향 10

#감성비용 #인간미 #개성 #정체성 #경쟁력
#나다움 #경험 #재미 #도전 #숏폼 #성장
#경계_없음 #플레이그라운드 #관찰 #의미 #소통
#연결감 #계속하는_힘

❶
단순히 돈 주고 물건을 사는 느낌이라기보다
거기에 담긴 인간적인 터치들이 중요한 것 같아요.

베이커리 편
#감성_비용 #인간미 #개성

같은 크루아상이라도 천편일률적으로 똑같은 모양의 빵이 진열되어 있는 것보다 모양도 크기도 달라 인간미와 개성이 느껴지는 빵이 더 좋다. 제품 소비를 통해 자신의 개성을 드러내는 Z세대는 자기표현이 중요한 만큼 내가 살 물건이나 서비스에서도 그만의 특색이 드러나는 것을 선호한다. 여기에 덧붙여 자신을 조금 더 표현할 수 있다면 금상첨화다. 감성 담긴 물건에 커스터마이징이 가능하다는 포인트가 가미된다면 그들의 취향을 확실하게 저격할 수 있을 것이다.

❷
색깔이 명확한, 그러니까 정체성이 확실한
카페들이 잘될 확률이 요즘에는 더 높다고 생각해요.

커피 편
#정체성 #색깔 #경쟁력

개인 카페 시장은 완전한 레드오션이다. 공급이 과잉되면
소비자는 커피 맛, 분위기, 컨셉 등이 선명한 곳을 찾는다. 고민이나
노력 없이 '그냥' 창업한 카페를 보면 Z세대는 단번에 알아차린다.
'그냥' 열려 있기만 한, 재미없는 곳이라는 걸. 그들은 특색 있고, 감각과
스토리가 느껴지는 공간을 좋아한다. 개성이 넘치는 곳, 시선과 마음을
동시에 사로잡는 곳, 그래서 자꾸 들여다보고 싶어지는 곳, 또 그래서
공유하고 싶은 곳을 선호한다. 사진이나 그림, 조형물 등 자랑하기
좋은 독특한 콘텐츠까지 갖추었다면 그 공간은
Z세대의 놀이터가 될지도 모른다.

아무리 좋은 명품을 입어도 소화가 되지 않는 경우도
있어요. 그건 나한테 좋은 옷이 아닌 거예요.
'내 스타일'이라는 건 하루아침에 만들어지는 게
아니랍니다. 많이 접해보면서 찬찬히 알아가야 돼요.

명품 편
#나다움 #나를_찾는_과정 #경험

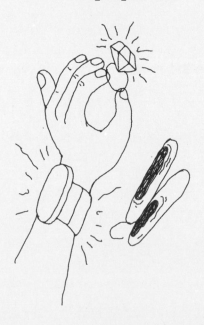

현대사회에서 패션은 단순히 기능적인 영역에 머물러 있지 않다.
'나'를 잘 나타내도록 돕는 도구이기도 하고, 때로는 자존감을 채워주는
역할도 한다. 특히 '나'를 나답게 표현하는 것이 중요한 Z세대에게
스타일은 놓칠 수 없는 핵심 요소다. 비록 '나'를 표면적으로 표현하기
전에 궁극적으로 어떻게 표현되었을 때 가장 나다운지 파악하는
과정은 어렵지만, 그럼에도 나와 잘 맞는 스타일을 찾을 때까지
시도하고 경험하는 것이 그들이다.

그냥 재밌게 잘하고 있는 브랜드들이 많은 것 같아요. (인디 브랜드들이) 정말 인디 브랜드스럽게 나오는 것 같아요. (그들의) 도전도 흥미롭게 보고 있어요.

뷰티 편
#재미 #흥미 #도전

돈을 버는 것도 중요하지만 더 중요한 것은 재미가 있느냐, 없느냐이다. 화장품 업계에서 최근 주목받는 인디 브랜드들은 화장품 용기를 만드는 데서부터 새로운 도전을 시도한다. 유행을 체감하기도 전에 사람들의 취향을 파악하고 발 빠르게 반영하여 신제품을 출시하기도 한다. 그만큼 이용자의 반응도 빠르고, 반응이 없다면 다음 도전으로 넘어간다. 그 모든 과정의 밑바탕에는 소비자가 제품을 눈과 피부로 즐기며 느끼는 흥미와 기획자가 도전하고 만들고 결과를 보며 느끼는 재미가 있다.

❺

NBA는 숏폼 혹은 패션 영역에서 Z세대들한테 끊임없이 어필하고 있고, MLB는 경기의 룰을 바꾸면서까지 재밌는 경기를 만들기 위해서 노력하고 있고, NFL은 스타들을 총동원한 수많은 마케팅을 붙여서 리그의 흥행을 돕고. 다 같이 동반 성장하고 있는 것 같다는 생각이 들더라고요.

스포츠 편
#숏폼 #성장 #마케팅

스포츠는 대체하기 어려운 한 편의 드라마라고 할 수 있다. 인류가 존재하는 한 계속해서 성장하게 될 스포츠 리그들이 Z세대의 눈길을 사로잡았다. 멈춰 있는 법을 모르는 여러 스포츠 리그들의 마케팅 전략은 곧 앞으로 모두가 생존할 비법일 수 있다. 대부분의 콘텐츠는 숏폼으로 즐기는 것이 간편하고 즐겁다. 고정된 룰에 갇히기보다 누구에게도 피해가 없는 선에서라면 어느 정도 시대에 발맞춰 변화하는 것이 좋다. 연예인이든 인플루언서든 지금 가장 '힙'하기로 유명한 인물이 활동하고 있는 곳에는 저절로 관심이 간다. 이제 함께 성장하기 위해 당신은 어떤 방법부터 잡아볼 것인가?

#

최근 특정 장르성에서 벗어나는 페스티벌들이 많아지고 있어요. 전 세계적인 트렌드예요.

페스티벌 편
#경계없음 #유연 #돌고도는_유행

최근 몇 년 사이에 열린 서울재즈페스티벌에서는 재즈 뮤지션뿐만 아니라 여러 대중 가수들도 공연을 꾸린다. 그랜드민트페스티벌은 대표적인 가을 축제로 특정 장르에 국한되지 않고 다양한 장르에서 뮤지션들이 공연을 펼친다. 한때 음악적 장르를 명확하게 끌고 갔던 페스티벌들이 장르성을 벗어나고 있는 것은 세계적인 흐름이다. 2024 인천펜타포트록페스티벌에서는 대학가요제 출신 뮤지션 이상은이 무대에 올라 '담다디'를 불렀다. 누군가는 추억을 상기하며 반가워했고, 누군가는 가수와 노래를 모른 채로 멋진 무대에 열광했다. 대단하지 않아도 괜찮다. 경계를 허무는 것, 장르를 넘나드는 것, 과거의 것과 현재의 것을 섞어보는 것은 이 시대에 놓칠 수 없는 재미이자 트렌드다.

MZ세대 관점에서는 플레이그라운드, 놀이터가 너무 중요한 거예요. 옷은 그냥 온라인에서 사도 되는데, 오프라인에 맛집, 포토 스폿을 넣어놨더니 놀기가 좋잖아요. 자꾸 눈에 보이는 것들이 있으니까 사게 되고. (팝업은) 즐기고 놀다가 결제까지 일어나면서 성장하는 비즈니스가 되지 않을까요?

팝업 편
#플레이그라운드 #체험 #연결된_구매력

백화점의 의미는 예전과 크게 달라졌다. 하나의 문화 공간이자 쉼터, 놀이터로서 존재한다. 오프라인 공간의 경쟁 상대는 넷플릭스나 유튜브라고도 볼 수 있다. 결국 시간 뺏기 싸움을 피하기는 어렵다. 사람들이 여가 시간을 온라인에서 보낼지, 오프라인에서 보낼지 선택하게끔 해야 하는 것이다. 지금까지 백화점은 공급자 중심의 시장이었다면 오프라인 매장이 아니어도 손쉽게 물건을 구매할 수 있는 지금 백화점은 MZ세대 관점에서 놀 수 있는 공간이 되어야 한다. 백화점 외에도 다양한 놀거리와 볼거리, 체험할 거리가 존재하는 공간이라면 그들은 자신의 귀한 시간을 아낌없이 그곳에 투자할 것이다.

뭐든 새로운 걸 하기 전에는 충분히 관찰해야 합니다.
댓글에서 패션에 관심 있는 팔로워들 간에 논쟁이
벌어지기도 하는데, 그런 댓글들을 보면서 의미를
찾는 게 중요합니다. 그분들이 어떤 생각을 하는지
공감해보려고도 하고요. 물론 거기에 더해 본인의
통찰이 있어야 한다고 생각해요.

팝업 편
#관찰 #의미 #통찰

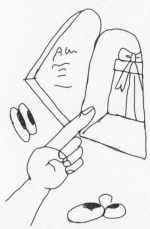

더현대서울은 재야의 탄탄한 브랜드들을 기막히게 찾아내고 수면
위로 끌어올리는 것으로 유명하다. 블로그와 SNS 검색은 물론,
오프라인 매장으로 직접 찾아가 브랜드와 그 가치를 발굴한다.
Z세대는 새로우면서도 진짜 품질이 좋은 곳은 어디인지 관심이 많다.
흔한 생각과 보통의 정성으로는 그들의 시선을 사로잡을 수 없다는
의미다. 그렇다고 그들의 시선만 좇다가는 이미 때가 늦어버리기
십상이다. 성실한 관찰로 취향을 파악했다면 그 시간 동안 쌓인
자기만의 통찰로 빠르게 트렌드의 최전방에 서보자.

❾

누굴 못 이겨서 우리의 위기가 찾아온 게 아니에요. (위기를 어떻게 헤쳐나갈지) 고민하면 되는 상황이지, '어떻게 더 잘할까'가 1순위는 아닌 거죠. 생존을 위해 스스로 노력할 뿐.

출판 편
#위기_대처법 #비교보다 #나_자신

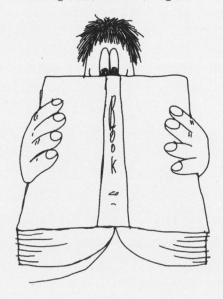

청소년 시절, 대부분 경쟁이 당연한 것처럼 살아간다. 공부, 운동, 그림, 무엇이든지 간에 점수를 매기고 등수를 세우는 것이 익숙한 사회의 방식이다. 그렇게 청년이 된 Z세대는 더 이상 누군가와의 끊임없는 비교 속에서 살고 싶지 않다. 어려운 상황에 놓였다면 그것은 누군가를 이기지 못해서 오는 위기가 아니라 상황이나 시대의 위기다. 그렇기 때문에 위기가 찾아왔다고 해서 다른 사람이나 타 회사를 이기려고 할 필요가 없다. 그저 자신이 몸담은 곳, 위치, 업계에서 좀 더 나답게 나로서 오롯이 바로 서는 것, 그것이 그들의 방식이다.

혼자 뛰다가 정말 힘들면 그냥 멈춰버리잖아요? 그런데 크루가 함께 거리를 정해놓고 그 페이스대로 뛰면 힘들더라도 거기까진 가는 거예요. 조언 구할 사람들이 바로 옆에 있으니까요.

러닝 편
#소통 #연결감 #계속하는_힘

Z세대는 혼자만의 시간을 가장 좋아할 것이라는 편견은 금물이다. 혼자여서 좋을 때도 있지만 그들은 누구보다 SNS를 통해 실시간으로 소통을 많이 하는 세대, 챌린지를 통해 적극적으로 재미를 나누는 세대다. 강력한 공감과 소통의 욕구는 최근 러닝 붐으로 발현됐다. 그들은 어떤 종목보다도 혼자서 하기 좋은 운동 '러닝'을 크루 형태로 여럿이 모여 같은 호흡으로 달린다. 혼자 가면 어렵고 힘든 길을 서로 응원하며 함께 목적지까지 향해 간다. 초개인화 시대에 예전과 조금 다른 형태의, 더 다양한 연결감이 필요하다. 그들은 온·오프라인을 넘나들며 공감하고 연대하는 경험을 계속해서 찾아다닐 것이다.

B주류경제학
취향으로 읽는 요즘 경제

1판 1쇄 인쇄 2024년 10월 2일
1판 1쇄 발행 2024년 10월 16일

지은이   이재용 토스
발행인   박현진

본부장   김태형
책임편집   한미리
기획팀   이지향 고혜원 박지수 이은
마케팅   정진아 김수현 송지민 이유림
디자인   일상의실천 @hello_ep
일러스트   김대삼 @daesamkim
제작   세걸음

펴낸 곳   (주)밀리의 서재
출판등록   2017년 1월 5일
              (제2017-000008호)
주소   서울특별시 마포구
              양화로45, 20층(서교동
              메세나폴리스 세아타워)
메일   contents@millie.town
홈페이지   http://www.millie.co.kr

ISBN 979-11-6908-417-8 (03320)